Daniela Reimann, Simone Bekk, Martin Fischer (Hg.)

Gestaltungsorientierte Aktivierung von Lernenden

Übergänge in Schule – Ausbildung – Beruf

Daniela Reimann, Simone Bekk, Martin Fischer (Hg.)

Gestaltungsorientierte Aktivierung von Lernenden
Übergänge in Schule – Ausbildung – Beruf

GEFÖRDERT VOM

Bundesministerium
für Bildung
und Forschung

DLR Projektträger

Bibliografische Information der Deutschen Nationalbibliothek:
Die Deutsche Nationalbibliothek verzeichnet diese Publikation in der
Deutschen Nationalbibliografie; detaillierte bibliografische Daten sind im
Internet über http://dnb.dnb.de abrufbar.

Herstellung und Verlag: BoD – Books on Demand, Norderstedt

ISBN: 9783741289842

Grußwort

Liebe Leserinnen und Leser,

die Integration und Mitgestaltung von beruflichen und privaten Übergängen ist eine zentrale Herausforderung unserer Zeit und von grundlegender Bedeutung für die Zukunft der heranwachsenden Generation.

Derzeit befinden sich etwa 250.000 junge Menschen in berufsvorbereitenden Bildungsmaßnahmen, die Zahl wird sich auch in Zukunft nicht deutlich verringern.

Das Forschungsprojekt „Künstlerisch-technische Medienbildung in Berufsvorbereitung und Berufsorientierung: Neue Ansätze zur Förderung digitaler Medienkompetenz von Jugendlichen" wurde initiiert, um die Situation der Jugendlichen in der Phase des Übergangs von der Schule in den Beruf zu verbessern. Es gelang dabei, den jungen Menschen zu helfen, ihre individuellen Stärken und Fähigkeiten zu erkennen, um sie später beruflich einsetzen zu können.

Das vorliegende Buch mit dem Titel „Gestaltungsorientierte Aktivierung von Lernenden: Übergänge in Schule – Ausbildung – Beruf" versammelt Beiträge zu neuen, erprobten Ansätzen, theoretischen Modellen und kreativen Strategien im Bereich pädagogischer Prozesse in Übergangsituationen. Es bündelt eine Fülle von Anregungen und zieht dabei Konzepte aus Kunst, ästhetischer Bildung, Berufs- und Medienpädagogik sowie der Informatik heran, um sie für Übergänge nutzbar zu machen. Dabei wird die Aktivierung der Jugendlichen unter anderem durch die Gestaltung von Medien im Rahmen ihrer pädagogischen Begleitung mit der Reflexion bildungsbiografischer Perspektiven verknüpft.

Solche pädagogischen Konzepte und Modelle dienen dazu, die Landschaft der Berufsvorbereitung und Berufsorientierung zu beleben.

Waldemar Jonait, Arbeitsagentur Karlsruhe-Rastatt

Inhalt

Daniela Reimann, Simone Bekk, Martin Fischer

Einleitung

Im vergangenen Jahrzehnt haben sich zeitweise fast so viele junge Menschen in Maßnahmen der Berufsvorbereitung befunden wie in regulären dualen Berufsausbildungen (Baethge et al. 2007, S. 22). Diese Maßnahmen führen zu keinem anerkannten Berufsabschluss und auch der weiterführende Anschluss an berufsvorbereitende Bildungsmaßnahmen ist für viele Jugendliche fraglich gewesen (vgl. Reimann, Fischer, 2011). Der wachsende Bedarf an qualifizierten Fachkräften in Deutschland, insbesondere im technischen Bereich, ist seit mehreren Jahren als Themenfeld in Politik und Wirtschaft erkannt (Prognos 2010, Weller 2011), und es bedarf einer breiten Maßnahmenpalette, um eine nachhaltige und strukturelle Verbesserung, das heißt einen Anstieg der Anzahl qualifizierter Fachkräfte bei gleichzeitig gegenläufiger demografischer Entwicklung, zu erreichen.

Zu dieser Maßnahmenpalette gehört, auch den weniger bevorzugten Jugendlichen Möglichkeiten der Gestaltung und Selbstbildung zu eröffnen und Mädchen und jungen Frauen Zugang zu einer technischen Berufsausbildung zu ermöglichen. Hier sind bei weitem noch nicht alle Möglichkeiten und Konzepte ausgeschöpft, schon gar nicht in der Berufsvorbereitung. Die von den Jugendlichen in der Freizeit erfahrenen Medienangebote und Erlebnisräume werden dort in aller Regel nicht aufgegriffen. Neue Geräte (z. B. Smartphones) und mobile Spielewelten wirken sich grundlegend auf Kommunikations- und Kooperationsformen der jungen Generation aus.

Ausgehend von den Herausforderungen an der so genannten ersten Schwelle, dem Übergang von der Schule in den Beruf und den Schwierigkeiten der Jugendlichen, in Ausbildung einzumünden, wurde das BMBF-Forschungsprojekt „MediaArt@Edu" aufgelegt. Im Projekt wurde ein neues Konzept digitaler Medienbildung entwickelt und künstlerische Zugänge zur Medientechnologie realisiert, die den Voraussetzungen, Bedürfnissen und Entwicklungsperspektiven von Jugendlichen in Berufsvorbereitung und Berufsorientierung besser als bislang entsprechen sollten. Im Projekt wurden daher Medienmodule mit Lernprozessbegleitung (Mentoringkonzept) konzipiert, mit den Jugendlichen und Studierenden am Zentrum für Kunst und Medientechnologie Karlsruhe (ZKM) erprobt und am Karlsruher Institut für Technologie (KIT) evaluiert. Dieses Ziel soll durch einen Ansatz erreicht werden, der ästhetische Prozesse und technisch-informatische Inhalte der Medienbildung und Interaktion integriert, indem an die medialen Erfahrungen der Jugendlichen angeknüpft wird. Technik wird so als gestaltbar erfahren und Technikverständnis gefördert. Textbasiertes Lernen wurde zugunsten visueller und haptischer Lernprozesse reduziert und mit medienbasierten Elementen der Biografiegestaltung verbunden.

Der vorliegende Band versammelt Beiträge an der Schnittstelle von bildungsbiografischen Übergängen, ihrer Gestaltung und pädagogischen Begleitung. In der Publikation werden neben den Forschungsergebnissen des BMBF-Projekts „MediaArt@Edu" Beiträge aus weiteren aktuellen Forschungsprojekten und pädagogischer Praxis vorgestellt.

In Kapitel 1 werden von Reimann und Bekk die Grundlagen künstlerisch-technischer Medienbildung skizziert. Im Projekt „MediaArt@Edu" wurden disziplinübergreifend Ansätze und Modelle aus Berufspädagogik und ästhetisch-künstlerischer Medienbildung zusammengeführt, neue Konzepte entwickelt und diese mit den Jugendlichen aus berufsvorbereitenden Maßnahmen und Studierenden am Zentrum für Kunst und Medientechnologie (ZKM) sowie am Karlsruher Institut für Technologie (KIT) erprobt, pädagogisch und wissenschaftlich begleitet und evaluiert. Die Ergebnisse werden in diesem Band präsentiert.

In Kapitel 2 geht es um Ansätze und Modelle aus Kunst, Ästhetischer Bildung und Bildungsforschung, die sich mit der Verbindung von Kunst, Medien und Bildung befassen. Unter anderem wird dabei das Komponieren mit digitalen Medien in Bildungsprozessen von Beichel diskutiert. Er arbeitet heraus, dass das eigenschöpferische Gestalten in Klang- und Rhythmusexperimenten mit unkonventionellen oder elektronischen Klangerzeugern ein guter Einstieg zu ernsthafter musikalischer Arbeit sein kann.

Weiterhin geht es um disziplinübergreifende Aspekte der Bildung. Brater und von Hoyningen-Huene gehen der Frage nach, was Akteure der beruflichen Bildung von der Kunst lernen können und inwiefern das künstlerische Handeln ein geeignetes Feld zur Entwicklung von Kompetenzen zur Bewältigung offener und unbestimmter Situationen sein kann.

In Kapitel 3 zur Berufsbiografiegestaltung und beruflichen Orientierung aus Sicht von Forschung und Praxis diskutiert Ahrens die Frage, inwieweit Individualisierung und Biografiearbeit auch für Jugendliche im Übergang von Schule in den Beruf im Sinne der eigenverantwortlichen Gestaltung zum Tragen kommen.

Fischer, Follner und Kramer thematisieren die Förderung der Berufsorientierung im Zusammenhang mit dem Konzept der „berufsbiografischen Gestaltungskompetenz" und ihrer spielerischen Operationalisierung im Brettspiel „My Way – Finde deinen Weg!"

Reimann und Huber verfolgen neue Konzepte zur visuellen Umsetzung berufsbiografischer Gestaltung bei Jugendlichen mit digitalen Medien auf europäischer Bühne. Dazu wird der Forschungsstand in den sechs beteiligten Ländern herangezogen und das Erzählen (storytelling) biografischer Ich-Geschichten (digital biographical narratives for learning) im Rahmen eines gemeinsamen Curriculums betrachtet.

Visuelle Strategien und narrative Prozesse der Kommunikation im Kontext von Berufswahlunterricht an Schweizer Sekundarschulen untersuchen auch Rummler, Scheuble, Moser und Holzwarth. Kern des vorgestellten Projekts ist die Darstellung der Entwicklung der Berufswünsche der Schüler und Schülerinnen von elf Sekundarschulklassen mit Hilfe von Fotos.

Die Evaluation von Initiativen zur Förderung der besseren Koordination nebeneinander bestehender regionaler Maßnahmen im Sinne eines „regionalen Übergangsmanagements" untersuchen Brüggemann, Weyer und Driesel-Lange in ihrem Artikel.

Insgesamt zeigen die Beiträge dieses Buches Wege auf, um Jugendliche nicht bloß mit Maßnahmen „zu versorgen", sondern um persönliche Ressourcen zur aktiven Gestaltung der eigenen Berufsbiografie zu fördern.

Literatur

Baethge, M., Solga, H./Wieck, M. (2007): Berufsbildung im Umbruch. Berlin: Friedrich-Ebert-Stiftung.

Prognos AG (2010), Arbeitslandschaft 2030 – Auswirkungen der Wirtschafts- und Finanzkrise, Prognos, Basel.

Reimann, D./Fischer, M. (2011): Künstlerisch-technische Medienbildung in Berufsvorbereitung und Berufsorientierung: Neue Ansätze zur Förderung digitaler Medienkompetenz von Jugendlichen (ACRONYM: Media-Art@Edu), BMBF-Projektantrag, Bonn: DLR

Weller, I. (2011): Fach- und Führungskräftemangel: Gehen in Deutschland die Talente aus? Ifo-Schnelldienst 01/2011, S. 5-8.

Künstlerisch-technische Medienbildung im BMBF-Forschungsprojekt „MediaArt@Edu" – Ansatz, Ziele und Ergebnisse

Daniela Reimann, Simone Bekk
Künstlerisch-technische Medienbildung in der Berufsvorbereitung

Abstract

Ziel des BMBF-Forschungsprojekts „MediaArt@Edu" (2012-2015) war es, ein neues Konzept digitaler Medienbildung mit Lernprozessbegleitung und Portfolioarbeit zu entwickeln, das den Voraussetzungen, Bedürfnissen und Entwicklungsperspektiven von Jugendlichen in der Berufsvorbereitung und -orientierung besser als bislang entspricht und zur Berufsbiografiegestaltung beiträgt. Im Projekt wurden in einem Zeitraum von drei Jahren neue Ansätze und Module entwickelt, mit Jugendlichen aus Berufsvorbereitungsmaßnahmen und studentischen Mentoren am Zentrum für Kunst und Medientechnologie (ZKM) sowie am Institut für Berufspädagogik und Allgemeine Pädagogik (IBP), Karlsruher Institut für Technologie (KIT) erprobt, pädagogisch und wissenschaftlich begleitet und evaluiert.

Forschungsprojekt und Projektkonstellation

Im Vorhaben wurde eine Projektkonstellation aufgelegt, die pädagogische, künstlerische und mediale Kompetenzen, Ansätze und Methoden
zur Förderung jugendlicher Maßnahmenteilnehmerinnen und -
teilnehmer außerschulischer Berufsvorbereitung der Arbeitsagentur
Karlsruhe synergiebildend einsetzte. Kooperationspartner waren das
Institut für Berufspädagogik und Allgemeine Pädagogik (IBP) am Karlsruher Institut für Technologie (KIT), die Agentur für Arbeit Karlsruhe
(Berufsvorbereitende Bildungsmaßnahmen), das Zentrum für Kunst und
Medientechnologie (ZKM | Abteilung Museumskommunikation), das
BeoNetzwerk zur Berufsorientierung, die Siemens AG, das Netzwerk
Bildungspartnerschaft, die IHK Karlsruhe sowie das Stadtmedienzent-
rum. Im Rahmen des Projekts wurden Lehre und Forschung miteinander verbunden und forschungsorientierte und praxisbezogene Lehre
realisiert, indem Studierende pädagogischer und technischer Fächer im
Rahmen einer Lehrveranstaltung die Workshops mit Jugendlichen vor-
bereitet, pädagogisch betreut und evaluiert haben. Dabei bekamen die
Studierenden die Möglichkeit, ihr theoretisches Wissen im pädagogischen Feld anzuwenden. Sie konnten Forschungsmethoden und -
instrumente kennenlernen, anwenden und beurteilen. Die Studierenden
hatten dabei eine doppelte Rolle inne – als Forschende und als Lern-
prozessbegleitende von Jugendlichen in der Phase des Übergangs von
der Schule in den Beruf. Alle Workshop-Module, bestehend aus einer
pädagogisch-künstlerischen Einführungsveranstaltung, Fachworkshops,
Reflexionsveranstaltung und Ausstellung, wurden von den Studierenden
aktiv pädagogisch und wissenschaftlich begleitet. Die von den Studierenden erfassten Daten dienten als relevante Grundlage der Evaluation.
Für das Projekt „MediaArt@Edu" wurde ein qualitativer Forschungsan-
satz gewählt, um eine möglichst breite und vertiefende Informations-
sammlung aus vielfältigen Perspektiven – z. B. der Teilnehmenden, der
Mentorinnen und Mentoren sowie der Wissenschaftlichen Begleitung –
zu erhalten. Dabei wurden die einzelnen Module formativ evaluiert, d. h.
prozessbegleitend, um die einzelnen Workshop-Module bei Bedarf an-
passen und das Konzept insbesondere hinsichtlich Portfolio, Mentoring
und Gestaltungsprozesse weiterentwickeln zu können.

Ebenfalls wurde eine summative Evaluation durchgeführt, basierend auf den Dokumenten der prozessbegleitenden Evaluation. Mittels qualitativer Inhaltsanalyse wurden die Inhalte der Dokumente kategorisiert, extrahiert, analysiert und ausgewertet. Die Ergebnisse der Evaluation werden im Folgenden dargestellt.

Zielgruppe Berufsvorbereitung

Die Berufsvorbereitenden Bildungsmaßnahmen (BVB) sollen die Jugendlichen besser auf den Einstieg in die Berufswelt vorbereiten, wobei es bezeichnend ist, dass diese Maßnahmen zu keinem anerkannten Berufsabschluss führen, was auch in der Berufsbildungsforschung erkannt wurde und kritisiert wird (Baethge et al. 2007, S. 22). Das Übergangssystem wurde aufgrund der Vielzahl unterschiedlichen Maßnahmen auch als ein für Jugendliche „undurchschaubares Labyrinth" (Münk et al. 2008) bezeichnet. Was vielen Jugendlichen in berufsvorbereitenden Maßnahmen gemeinsam ist, sind negative schulische Lernerfahrungen und oftmals ein geringer Bildungsstand, z. B. fehlender Schulabschluss und schlechte Zeugnisnoten. In der Schule haben viele Jugendliche eine Defizit-orientierte Lernkultur kennengelernt, die eigeninitiiertes, selbstgesteuertes Lernen in Projekten und kleinen Arbeitsgruppen kaum praktiziert. Daher haben viele Heranwachsende die eigene Selbstwirksamkeit kaum erfahren und wenig Bewusstsein über die eigenen Stärken, Fähigkeiten und deren berufliche Verwertbarkeit erlangt. Außerdem benachteiligt sie ein negativer Ruf in der Gesellschaft, der sich zum Beispiel in Schlagwörtern und negativen Assoziationen wie „Schulversager", „-verweigerer" und „-abbrecher" zeigt und den Jugendlichen Disziplinlosigkeit und fehlende Motivation unterstellt. Tatsächlich sehen viele Jugendliche keinen Sinn darin, sich überhaupt auf eine Stelle zu bewerben, was aufgrund der Konkurrenzsituation, z. B. mit Abiturienten auf dem Ausbildungsmarkt, verschärft wird.

Medientechnologien und didaktischer Ansatz

Für diese heterogen geprägte Zielgruppe bedarf es besonderer Fördermaßnahmen, die über das bloße Informieren über berufliche Profile hinausgehen, bei den Stärken und Fähigkeiten der Jugendlichen ansetzen und diese für die Verbesserung der beruflichen Eingliederung einsetzen. Es ist davon auszugehen, dass es nicht so sehr darauf ankommt, die Jugendlichen mit einer weiteren Maßnahme zu versorgen, sondern darauf, dass sie selbst befähigt werden, eigene Ressourcen zu aktivieren, um zu lernen, mit Umbrüchen und Anforderungen in ihrem zukünftigen Berufsleben besser umzugehen. Um diese Förderung zu verwirklichen, wurden im Projekt Mentorinnen und Mentoren eingesetzt, um Lernprozesse im Sinne eines Übergangscoachings (Bylinski 2014) in der schwierigen Phase zwischen Schule und Beruf zu begleiten (vgl. Bauer et al. 2010). Dazu wurden im Projekt, die von den Jugendlichen in der Freizeit erfahrenen Medientechnologien und Erlebnisräume als Motivatoren aufgegriffen und didaktisch eingesetzt. Zu Beginn des Projekts wurde eine Vorerhebung zur Medienerfahrung der Jugendlichen realisiert. Ziel dabei war es, die Erfahrungen der Jugendlichen im Umgang mit Medien und ihr Medieninteresse zu evaluieren. Hierzu wurde vor dem Start der Medienmodule eine Fragebogenerhebung mit 41 Jugendlichen aus den Berufsvorbereitungsmaßnahmen durchgeführt. Das Ergebnis der Fragebogenerhebung bestätigte die These, dass die Praxis mit Medien ein geeigneter Anknüpfungspunkt für die Arbeit mit Jugendlichen ist, da diese ein großes Interesse an Medien zeigten. Die Jugendlichen verwenden Medien regelmäßig im Alltag und nehmen diese überwiegend als Kommunikations- und Unterhaltungsmedium wahr. Zwar nutzen sie vorgegebene Applikationen (Spiele, Soziale Medien, Musikplayer etc.), haben aber wenig Erfahrung in der kreativen Erstellung und Gestaltung eigener Medienobjekte und -produktionen. Die Medien werden somit eher als reine Anwendung betrachtet, ohne dass über die Technik oder über Gestaltungsmöglichkeiten, die über die Anwendungsfunktion hinausgehen, reflektiert wird. Aufgrund der geringen gestalterischen Erfahrung der Jugendlichen lässt sich der Rückschluss ziehen, dass der künstlerisch-technische Ansatz, den dieses Projekt verfolgt, die Jugendlichen weder in der Schule noch in ihrem privaten Umfeld erfahren (vgl. Reimann/Wüst/Burkhart 2014, S. 211f. sowie Reimann/Wüst 2014, S. 14).

Ziel des didaktischen Projektansatzes war es, ein tiefgründigeres Medienverständnis bei den Jugendlichen zu erzeugen, als sie das üblicherweise durch die bloße Verwendung und den Konsum von Medienapplikationen erhalten. Dazu wurde die eigenständige Programmierung der Medienobjekte auf Basis der Ansätze konstruktivistisch geprägter Pädagogik und der sogenannten „konstruktionistischen Technikdidaktik" (Seymour Papert) und seinen Nachfolgerinnen und Nachfolgern (z. B. Resnick, Kafai, Druin, Buechley, Peppler und Turkle) ermöglicht.

Selektionskriterien bei der Auswahl der digitalen Technologien waren:

- Eigenständige Programmierung mittels ikonischer Programmierumgebungen und Interfaces soll gegeben sein
- Nutzung von Low-Cost-/Open-Source-Software, wenn möglich
- Möglichkeit der Verknüpfung von realer und digitaler Welt
- Gestaltbarkeit: Keine vorgefertigten Applikationen, sondern Ermöglichung von fantasievollen Eigenkreationen

Davon ausgehend wurden die Medien-Module Robotik, Licht_Gestalten, GamesLab ON/OFF, Sound_Gestalten sowie Smart Textile/Wearables entwickelt, erprobt und evaluiert:

1. Robotik: Jugendliche entwickelten interaktive Roboter-Konzepte (Sensor- und Aktuator-basierte Systementwicklung) und setzten sie mit LEGO® MINDSTORMS um (vgl. Reimann/Wüst/Burkhart 2014 sowie Reimann/Wüst/Burkhart 2014b).
2. Licht_Gestalten: Jugendliche entwarfen und gestalteten Lichtobjekte mit verschiedenen Materialien und programmierten Farbeffekte (vgl. Reimann/Bekk 2014).
3. GamesLab ON/OFF: Jugendliche entwickelten eigene Spielideen mit der Verbindung von Raum und Bildschirm (an der Schnittstelle von physischer und digitaler Welt), unter anderem mit StopMotion Video, QR-Codes, Makey Makey™ (siehe http://makeymakey.com/) (vgl. Reimann/Bekk 2014b).

4. Sound_Gestalten: Jugendliche entwickelten akusmatische Klangcollagen, indem Sie Geräusche aus der Umwelt aufgenommen haben und digital bearbeiteten.
5. SmartTextile: Jugendliche konzipieren mit der Arduino Technologie Interaktive Textilien (Sensor- und Aktuator-basierte, einnähbare Systementwicklung) und programmieren Sie mit einem ikonischen Interface, der Software amici (dimeb, Universität Bremen) (vgl. Reimann/Himmelmann 2012 sowie Reimann/Wüst 2014).

Das Besondere an dem didaktischen Ansatz war die Verknüpfung von ästhetisch-künstlerischen und technisch-informatischen Prozesse (vgl. Reimann 2006). Der Begriff „künstlerisch-technische Medienbildung" setzte sich in diesem Zusammenhang aus der Bewältigung der Aktivitäten und Arbeitsaufgaben in allen Phasen kreativer, ästhetisch-künstlerischer und technischer Prozesse beim Projektgestalten zusammen.

In den Modulen gab es jeweils offene Aufgaben, so dass im Gestaltungsprozess verschiedene, sich wiederholende Phasen von den Jugendlichen durchlaufen wurden: Die Jugendlichen entwickelten ihre eigenen Projektideen und in diesem Zusammenhang auch jeweils ihre individuelle Aufgabenstellung. Sie gestalteten, konstruierten, programmierten, dokumentierten und präsentierten ihre Medienprojekte. Es bedurfte der ständigen Eigenkontrolle des Erarbeiteten und des Überarbeitens. In diesen Phasen wurden sowohl das Medienhandeln als auch berufsübergreifende Fähigkeiten sichtbar.

Abb. 1: Phasen der Projektgestaltung

Der künstlerisch-technische Medienbildungsansatz, der im Projekt „MediaArt@Edu" verfolgt wurde, diente sowohl als Zugangsweise als auch als Motivator. Die Jugendlichen sollten sich dabei ihrer eigenen Ressourcen und Stärken bewusstwerden.

Die Jugendlichen wurden befragt, wie sie den künstlerisch-technischen Ansatz, d. h. das freie künstlerische Arbeiten als Zugang zur Technik, wahrgenommen haben. Die meisten Jugendlichen favorisierten diesen Ansatz, was mit Selbstbestimmung, Eigeninitiative und der Möglichkeit eigene Ideen zu verwirklichen, eigene Lösungswege und Alternativen zu entdecken und zu nutzen, begründet wurde. Weiterhin wurde dieser Ansatz als Kontrast zum üblichen Unterricht gesehen, durch welchen die Jugendlichen sich aufgrund der eigenen Ideen und Umsetzungsmöglichkeiten motivierter fühlten.

Aussagen wie *„Es hat so viel Spaß gemacht, dass ich schnell gearbeitet habe..." (Teilnehmerin, Abschlussinterview, Games-Workshop)* sowie *„Heute wollten wir [...] gar nicht mehr in die Pause [...], das ist ungewöhnlich." (Teilnehmerin, Abschlussinterview, Games-Workshop)* lassen zu dem Schluss kommen, dass wenn die Jugendlichen die freie künstlerische Arbeit annahmen, die meisten einen gewissen Ehrgeiz für die Projektarbeit entwickelten. Es wurde durch Beobachtungen der studentischen Mentorinnen und Mentoren untermauert, dass einzelne Teilnehmende aufgrund der engagierten Arbeit am Projekt keine Arbeitspausen einlegten und sogar zu Hause am Projekt weiterarbeiteten.

Den Jugendlichen waren auch die Herausforderungen bewusst, die mit einer freien und offenen Aufgabenstellung einhergingen: *„Und ich sehe es eigentlich fast genauso, dass es schwieriger ist, frei zu arbeiten oder etwas frei zu erstellen, man muss sich halt etwas ausdenken, was Sinn ergibt. Und wenn man sich etwas ausgedacht hat, muss man sich überlegen: ‚Okay, wie mache ich das? Wie setze ich das am besten um? Wie soll es denn im Endeffekt aussehen?'"* (Teilnehmer, Abschlussinterview, Smart-Textile-Workshop)

Wenn Nennungen gegen das freie, künstlerisch initiierte Arbeiten mit offener Aufgabenstellung von den Jugendlichen genannt wurden, dann waren dies oftmals Herausforderungen, bzw. Rahmenbedingungen, die durch eine offene Aufgabenstellung entstehen und für sie ungewohnt waren, so z. B. zeitliche Probleme aufgrund zu überdimensional gedachter Projektvorhaben, Entscheidungs- oder Kompromissfindungsschwierigkeiten sowie die Tätigkeit aus einer freien Arbeit eine konkrete Idee zu entwickeln. Hier wurde die Notwendigkeit eines didaktischen Rahmens sowie von weitreichender Transparenz beim freien künstlerischen Arbeiten hinsichtlich des Themas, der Aufgabenstellung, des Arbeitsziels, des Materials und der Zeitstruktur ersichtlich sowie die individuelle Unterstützung durch Mentorinnen und Mentoren, um die Jugendlichen bei diesen Herausforderungen zu unterstützen.

Portfolio-Arbeit im Kontext von Gestaltungs- und Lernprozessen

Hauptaugenmerk wurde im Projekt nicht auf die bloße Vermittlung von fachlichen Kompetenzen, wie sie in den oben genannten Modulen eingeübt wurden, gelegt, sondern es sollten gerade auch berufsübergreifende Fähigkeiten geschult werden, um sie später berufsunabhängig in anderen Kontexten einsetzen zu können. Ziel des Projekts war es, die Teilnehmer in der Phase der Berufsvorbereitung zu unterstützen und ihnen sowohl grundlegende Kompetenzen im Umgang mit neuen digitalen Medien (technische Grundlagen, Programmierung, Kenntnis von interaktiven Systemen) als auch berufsübergreifende Fähigkeiten zu vermitteln. Um Kompetenzen auszubilden, sollten die Jugendlichen nicht nur Medienobjekte konstruieren, sondern wichtig war vor allem die Reflexion des eigenständigen Handelns und die Umsetzung eigener kreativer Ideen. Erst durch die Reflexion entsteht Wissen (nicht nur bezüglich der Technik, Programmierung sowie eigenen Arbeitsweise). Vielen Teilnehmenden in der Berufsvorbereitung fällt gerade dieser Schritt der Reflexion, d. h. die Abstraktions- und Transferfähigkeit, die Überführung von Handeln in theoretisches Wissen sehr schwer. Sie sind ungeübt im Planen von erforderlichen Arbeitsschritten oder Projekten und sollten darin unterstützt werden. Diese Reflexion sollte im Projekt vor allem durch eine besondere Form des Portfolios angestoßen werden und begleitend zum Prozess stattfinden. Das Portfolio war auf der einen Seite ein Instrument, um Arbeitsergebnisse und Prozesse zu dokumentieren und zur Reflexion anzuregen, auf der anderen Seite sollten die Arbeitsprozesse dadurch unterstützt und strukturiert werden, so dass das Portfolio zu einem Teil des kreativen Prozesses und ein wichtiger Teil der ästhetischen Praxis wurde. Besonderheit dabei war die Reduktion einer textbasierten zugunsten einer visuellen Ausrichtung (Skizzen, Zeichnungen, Fotos, Material, etc., die Collageartig zusammengesetzt wurden). Dabei stand gerade nicht die Leistungsbewertung im Vordergrund, sondern die visuelle Dokumentation und Reflexion der Arbeits- und Lernprozesse. Auch Brater et al. (2010) sind der Frage nachgegangen, ob Lernprozesse mittels Portfolioarbeit besser als anhand von Noten nachvollzogen werden können und inwiefern ihr Einsatz ihre Lernkultur verändert. Es wurde dabei aber kein Schwerpunkt auf *Portfolioarbeit als ästhetische Praxis* und die Visualisierung von Lernprozessen gelegt, wie das im Forschungsprojekt „MediaArt@Edu" realisiert wurde.

Das Portfolio im Projekt „MediaArt@Edu" umfasste drei Bestandteile: das Projektportfolio, das Reflexionsportfolio und das Erklärvideo. Intention des *Projektportfolios* war es, die Gestaltungsprozesse zu dokumentieren und zu visualisieren. Das heißt, dass auf den Portfolios die einzelnen Prozesse und Tätigkeiten, die in den Phasen der Konzeption, Gestaltung, Programmierung, Konstruktion, des Testens und Überarbeitens des Medienobjekts stattfinden, sichtbar gemacht werden sollten (vgl. Reimann/Wüst/Burkhart 2014, S. 213f. und 223f.). Aus diesem

Grund sollten die Portfolios auch nicht perfektioniert und in „Hochglanz" gestaltet werden, sondern verworfene und unfertige Ideen und Dokumente sollten ebenso aufgenommen werden können. Ein Ansatz, der im „MediaArt@Edu"-Projekt verfolgt wurde, war es, dass visuelle und haptische Elemente in die Portfolio-Arbeit integriert wurden, so dass Skizzen, ausgedruckte Fotografien und weiteres Gestaltungs-Material ebenfalls aufgeführt werden konnten. Schriftliche Anteile sollten so reduziert werden, da die Zielgruppe oftmals sprachliche Schwierigkeiten und Hemmungen aufweist (vgl. Reimann/Bekk2014, S. 9). Das *Reflexionsportfolio* fungierte als Anregung, um ein Bewusstsein über die durchgeführten Tätigkeiten und Prozesse zu entwickeln. Deshalb wurden in diesem Portfolio Fragen zu den Themen „Medienobjekt", „eigene Arbeitsweise", „Teamarbeit" und zur „Arbeit mit der Mentorin oder dem Mentor" gestellt und in einem Gespräch mit der Mentorin oder dem Mentor besprochen. Das sogenannte *Erklärvideo*, als 3. Portfolio-Teil, wurde von den Jugendlichen selbst erstellt. In einem Video erläuterten die Jugendlichen ihr Projekt und erklärten ihre Vorgehensweise bei der Projektarbeit und der Gestaltung des Medienobjekts. Ziel dabei war es, durch das Video rückblickend die Prozesse der Projektarbeit und die vom Teilnehmenden durchgeführten Tätigkeiten zu betrachten und in eigene Worte zu fassen. Als Hilfestellung konnte das Projektportfolio genutzt werden.

Die Untersuchung der Portfolio-Arbeit bezog sich auf die Rezeption durch die Teilnehmenden und die förderlichen Rahmenbedingungen für eine erfolgreiche Arbeit mit Portfolios. Es wurde im „MediaArt@Edu" Projekt untersucht, wie die Jugendlichen die Arbeit mit dem Portfolio aufgenommen haben und ob sie darin die Sinnhaftigkeit erkennen konnten. Die Ergebnisse zeigten, dass die Jugendlichen in der Portfolioarbeit einen Nutzen für Personen außerhalb der Arbeitsgruppe erkannten. Sie *andere* betrachteten die Portfolio-Arbeit als eine anschauliche Darstellung für Dritte, um ihnen das Projekt zu erläutern und ihre Vorgehensweise bei der Projektrealisation zu erklären, zum Beispiel die Überlegung, wie sie dies zukünftig Arbeitgebern im Bewerbungsgespräch präsentieren könnten.

Gleichzeitig sahen einige Teilnehmende einen Nutzen des Portfolios für sich *selbst*, indem es ihnen zur Veranschaulichung der Planung diente, ihnen bei der Strukturierung des Medienobjekts half und die Projektarbeit dokumentierte. Außerdem nannten die Jugendlichen, dass das Portfolio zur Reflexion dienen könne, sowohl zur Reflexion des eigenen Handelns und der bisherigen Arbeit als auch zur Reflexion ihrer Selbstdarstellung, wie es beispielsweise im abschließenden Erklärvideo realisiert wurde, um das Projekt externen Personen zu erläutern. Im Gegenzug dazu wurde hinsichtlich der Portfolioarbeit auch genannt, dass sie den Arbeitsprozess unterbrechen, sie als Pflicht wahrgenommen werden könne und keinen Mehrwert für die eigene Arbeit erkannt werde. Dies wurde damit begründet, dass sie ihren Arbeitsplan ohnehin im Kopf hätten und daher eine Dokumentation entbehrlich sei. Durch die Erstellung eines Portfolios entsteht neben der Medienpraxis eben auch zusätzliche Arbeit, die von den Mitgliedern der Projektgruppen ebenso realisiert werden musste.

Aus der Rezeption der Portfolio-Arbeit durch die Teilnehmenden lassen sich Schlussfolgerungen für die Rahmenbedingungen der Portfolioarbeit ziehen, die im Folgenden ausgeführt werden. Hinsichtlich der Rahmenbedingungen kristallisierten sich vier Hauptpunkte bei der Evaluation heraus, die für eine erfolgreiche Portfolioarbeit essentiell sind:

1. Die *didaktisch-methodische Integration* des Portfolios in den Unterrichtsverlauf: Diese ist sowohl in didaktischer als auch in zeitlicher Hinsicht relevant. Denn wenn die Portfolioarbeit so in das Projekt integriert ist, dass sie nicht als etwas Gesondertes oder Additives wahrgenommen wird, dann ist sie Teil des Arbeitsprozesses und wird auch nicht als störend oder als Last empfunden. Dies kommt auch in Aussagen der Mentorinnen und Mentoren zum Ausdruck, wie: *„Ich fand es sogar besser [als] im Jahr zuvor [im vorherigen Workshop]. Bei uns wurde das nicht wahrgenommen, sondern war total [in den] Arbeitsprozess [...] integriert. [...] Am 2. Tag haben [die Jugendlichen] dann von sich aus die Blätter [Portfolio] genommen und [die Arbeitsschritte] mitgeschrieben. [...] nur für uns selbst, um zu wissen, was [haben wir] gemacht und was nicht"* (Mentorin, Abschlussinterview, Games-Workshop).

Der 2. Aspekt ist die *Kontinuität* der Portfolioarbeit, denn eine kontinuierliche Einbindung kann eine Portfolio-Lern-Kultur fördern. Dies zeigte sich beispielsweise im Rahmen der wissenschaftlichen Beobachtung dadurch, dass Teilnehmende nach wiederholter Teilnahme an Projekt-Workshops eigeninitiativ die Portfolioarbeit begannen: *„[Der Teilnehmer] hatte das auch schon gekannt. Und deshalb haben wir das wie im Lichtworkshop [Modul 2] gemacht. Was wir uns überlegt haben, wie die Idee zustande kam, haben die Sachen vom 1. Tag genommen, was wir aufgeschrieben haben [...]"* (Mentorin, Abschlussinterview, Games Workshop). Eine kontinuierliche Portfolioarbeit über einen längeren Zeitraum als drei Workshop-Tage wäre somit sinnvoll, auch um den Nutzen hinsichtlich der Dokumentation- und Planungshilfe zu erkennen.

Als 3. Aspekt der Projektportfolioarbeit ist die *Integration visueller Elemente und Zugänge* hervorzuheben. Die Einbeziehung von bspw. Skizzen, Zeichnungen, Fotografien oder Tonaufnahmen, bietet bei der Portfolioarbeit die Möglichkeit, sprachliche Schwierigkeiten zu kompensieren und Hemmungen hinsichtlich Rechtschreibung und Interpunktion zu minimieren. Dieser Aspekt wurde von Mentorinnen und Mentoren positiv bestätigt: *„Das Portfolio [-Plakat] als Pinnwand so frei [... gestalten zu können] fand ich eine sehr gute Idee. Man kann sich kreativ austoben und immer wieder umgestalten. Außerdem ist man freier in der Wahl von Schrift, Fotos, Zeichnungen und Pfeilen, wodurch jeder seine Stärke nutzen kann"* (Mentorin, Abschlussarbeit, Licht-Workshop)

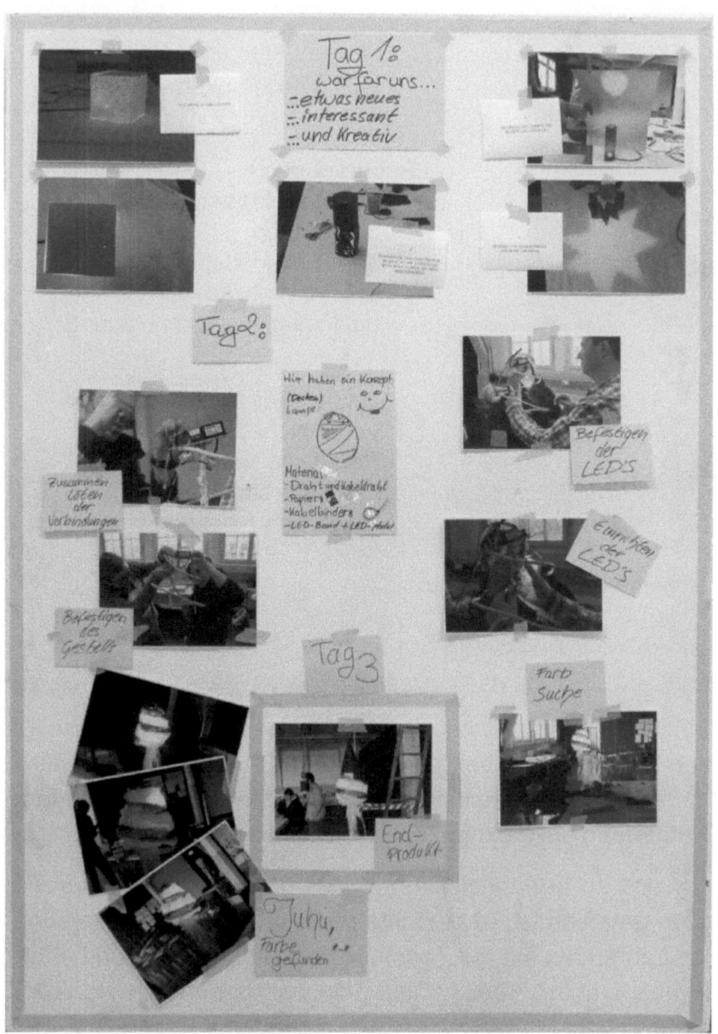

Abb. 2: Portfolio zum interaktiven Lichtobjekt

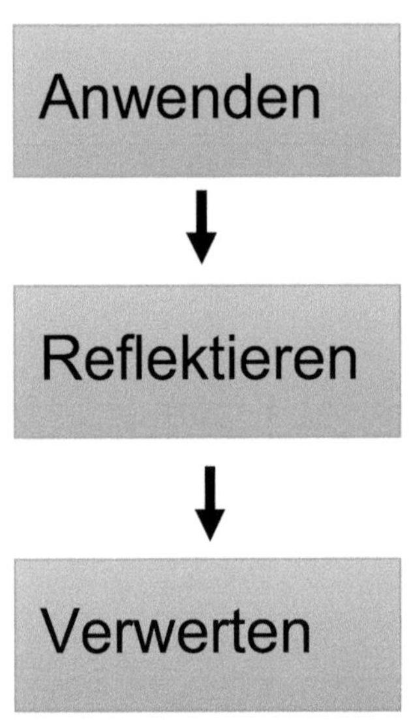

Abb. 3: Berufsübergreifende Fähigkeiten

Ein relevanter Faktor bei der Portfolioarbeit ist 4. die *Sinnhaftigkeit*. Wenn sich die Sinnhaftigkeit den Teilnehmenden erschlossen hat und diese im Portfolio einen Nutzen erkannten, dann wurde eigeninitiativ am Portfolio gearbeitet, ohne dass die Jugendlichen von den Mentorinnen und Mentoren oder Referenten dazu explizit aufgefordert werden musste.

Um diese Aspekte zu gewährleisten, so dass die Sinnhaftigkeit für die Teilnehmenden gegeben ist, ist eine intensive Auseinandersetzung und Reflexion des Lehrenden mit der Thematik Portfolio gefordert und erfordert – erst einmal – mehr Arbeit für alle Akteure, bis sich eine Portfolio-Lernkultur etabliert hat.

Das Handeln mit Medien mittels berufsübergreifender Fähigkeiten wurde von den Jugendlichen realisiert. Es konnte zum einen mittels eines Beobachtungsbogens durch studentische Mentorinnen und Mentoren sowie durch die Wissenschaftliche Begleitung beobachtet und zum anderen im Portfolio von den Handelnden selbst dokumentiert werden. Das bloße Handeln bzw. Ausüben der komplexen Tätigkeiten im Projekt war jedoch nicht ausreichend, um ein Bewusstsein der Teilnehmenden über ihre Fähigkeiten und Fertigkeiten zu schaffen. Es musste eine angeregte Reflexion stattfinden, die in diesem Projekt durch das Projektportfolio und das Erklärvideo, den Reflexionsfragebogen und die Reflexionsveranstaltung, initiiert werden konnte, damit die Jugendlichen sich der eigenen Fähigkeiten und durchgeführten Tätigkeiten gewahr wurden und diese zukünftig für berufliches und privates Handeln verwerten können.

Allerdings waren bei den Teilnehmenden primär die technischen Fähigkeiten sichtbar und bewusst. Das bedeutet, dass die einzelnen technischen Anwendungen (Hard- und Software) genannt wurden, wenn die Jugendlichen anführen sollten, welche Tätigkeiten sie im Workshop durchgeführt hatten. Wie sich in Reflexionsrunden mit den Jugendlichen zeigte, stellt sich das Bewusstsein über die eigenen berufsübergreifenden und kreativen Fähigkeiten nicht automatisch bei den Jugendlichen ein. Das im Workshop Gelernte wird in der Regel nicht automatisch mit einem beruflichen Nutzen verknüpft. Deshalb bedurfte es der Initiierung der Reflexion der Jugendlichen. Hierbei konnte das Portfolio anregen und als Hilfestellung genutzt werden. Es reichte jedoch zu Beginn nicht aus, so dass die Jugendlichen quasi von alleine, ohne Zutun sich ihrer Fähigkeiten bewusstwurden. Dies wurde durch Aussagen der Mentorinnen und Mentoren deutlich, wie z. B.: *„Bei mir war es so, dass man es den Leuten sagen musste. Ich habe es ihnen gesagt im Feedbackgespräch. Und sie dann so ‚Ah, echt?' Ich musste sie drauf hinweisen, ‚Das machst du super gut'"* (Mentor, Abschlussinterview, Games-Workshop). Deshalb erscheint das fragende und beratende Gespräch zwischen allen teilnehmenden Akteuren (Mentorinnen und Mentoren, Referentinnen und Referenten oder auch Wissenschaftlicher Begleitung) als essentiell, um so die Jugendlichen zu unterstützen, eine Reflexion über ihre Fähigkeiten, Tätigkeiten und Stärken anzuregen.

Lernprozessbegleitung in Übergangssituationen

Während die Jugendlichen ihren eigenen Lernprozess organisierten, wurden sie von studentischen Mentorinnen und Mentoren begleitet.

Diese sollten den Jugendlichen nicht die Lösungen vorlegen, sondern sie dabei unterstützen, die für die Realisierung ihrer Projektidee erforderlichen Aufgaben selbst zu identifizieren und zu verfolgen. Sie mussten dafür situative Entscheidungen treffen und eine Balance zwischen den gegensätzlichen Polen „eine Struktur vorgeben" einerseits und „den Jugendlichen Freiraum gewähren" andererseits, finden. Lernprozessbegleitung ist eine Form der Führung und nicht ein Sichzurückziehen oder gar ein Den-anderen-sich-selbst-Überlassen.

Herausforderungen, die die Mentorinnen und Mentoren im Rahmen der Evaluation genannt haben, können in teilnehmer- und mentorenbezogene Herausforderungen unterteilt werden. *Teilnehmerbezogene Herausforderungen* waren beispielsweise die mangelnde Schreibkompetenz der Teilnehmenden aus der Zielgruppe der Berufsvorbereitung, so dass die flexible Portfolioarbeit und die Senkung der schriftlichen Anteile bei der Projektrealisation positiv aufgenommen wurden. Außerdem wurde die Tatsache genannt, dass manche Teilnehmende die ausschließliche Arbeit am Medienobjekt der Arbeit am Portfolio vorziehen und zwar bei mangelnder Einsicht in die Sinnhaftigkeit der Erstellung eines Portfolios.

Außerdem wurde die Portfolioarbeit als erschwerend betrachtet, wenn die Kontinuität aufgrund von Fehlzeiten einzelner Gruppenmitglieder nicht gewährleistet werden konnte (z. B. aufgrund von spontanen Bewerbungsgesprächen, die als Teilnehmende berufsvorbereitender Bildungsmaßnahmen zwecks Übergang in ein Ausbildungsverhältnis Priorität haben). Dann mussten die verbliebenen Gruppenmitglieder Aufgabenverteilung und Zeitplanung umstrukturieren. Mentorinnen und Mentoren übernahmen dann aus Zeitgründen vereinzelt Schüleraufgaben. Außerdem wurde die Heterogenität in den Arbeitsgruppen als Herausforderung beschrieben, wenn bspw. eine eher dominante Persönlichkeit mit einer eher zurückhaltenden Person zusammen in einer Gruppe arbeitete und jeder Teilnehmer gleichermaßen und gleichberechtigt integriert werden sollte.

Eine im Rahmen der Evaluation identifizierte *mentorenbezogene Herausforderung* war die Ausbalancierung der Mentoring-Strategien „eine Struktur vorgeben" und „Freiraum gewähren", so dass die Teilnehmenden weder über- noch unterfordert waren. In diesem Zusammenhang wurde auch genannt, dass die Zurückhaltung schwerfalle, und die Neigung vorhanden sei, Arbeit zu übernehmen, so dass eine Trennung der Rolle als Teilnehmender oder Lernprozessbegleitender Schwierigkeiten bereitet hatte, z. B. bei Zeitknappheit oder verminderter Gruppenanzahl durch Fehlzeiten Einzelner. Weiterhin wurde erwähnt, dass es für einige Mentorinnen und Mentoren eine Herausforderung war, die Vorhaben der Teilnehmenden auf Machbarkeit zu prüfen und ggf. gemeinsam zu ändern, so dass die Projekte erfolgreich abgeschlossen werden konnten. Dies wurde mit mangelnden Vorkenntnissen bezüglich der verwendeten Soft- und Hardware von den Mentorinnen und Mentoren begründet.

Aufgrund der genannten Herausforderungen der Studierenden ließen sich Rückschlüsse bezüglich der Vorbereitung der Lernprozessbegleiterinnen und -begleiter auf ihre Rolle und Aufgabe ziehen. Zum einen ist eine E*inführung in die Grundlagen der Hard- und Software* unbedingt erforderlich. Wenn den Mentorinnen und Mentoren die Möglichkeiten bewusst sind, die die Medien und das Material bieten, dann können sie die Teilnehmenden gezielter beraten. Weiterhin ist es in diesem Zusammenhang von Bedeutung, dass die Mentorinnen und Mentoren die Lernziele und die didaktisch-methodische Struktur des Workshops kennen, um den Jugendlichen gezielt Hilfestellungen bei der Planung und Organisation geben zu können. Ohne dies können die Mentorinnen und Mentoren nur Vermutungen anstellen und nicht zielgeleitet beraten. Zum anderen ist es essentiell, dass sich die Studierenden mit ihrer *Rolle als* Mentorinnen und Mentoren auseinandersetzen und sich bewusstwerden, welche Aufgaben und Ziele damit verbunden sind. Nur dann kann eine klare Rollentrennung vorgenommen werden, bzw. eine gezielte Entscheidung darüber getroffen werden, welche Rolle von den Mentorinnen und Mentoren wann eingenommen werden sollte. Außerdem ist es für die Studierenden bedeutsam, sich mit der *vorberuflichen Situation der Zielgruppe* und deren Bedürfnissen zu befassen. Damit verbunden ist bspw. das Bewusstwerden und Abbauen eigener Vorurteile (z. B. die Angst vor Disziplinproblemen mit der pädagogischen Zielgruppe Berufsvorbereitung) sowie die Möglichkeit, individuell auf die Belange der Jugendlichen einzugehen.

Abb. 4: Beim Aufbau des interaktiven Lichtobjekts

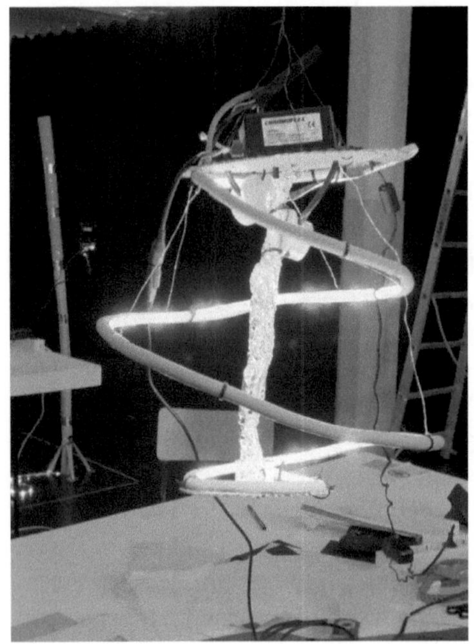

Abb. 5: Prototyp

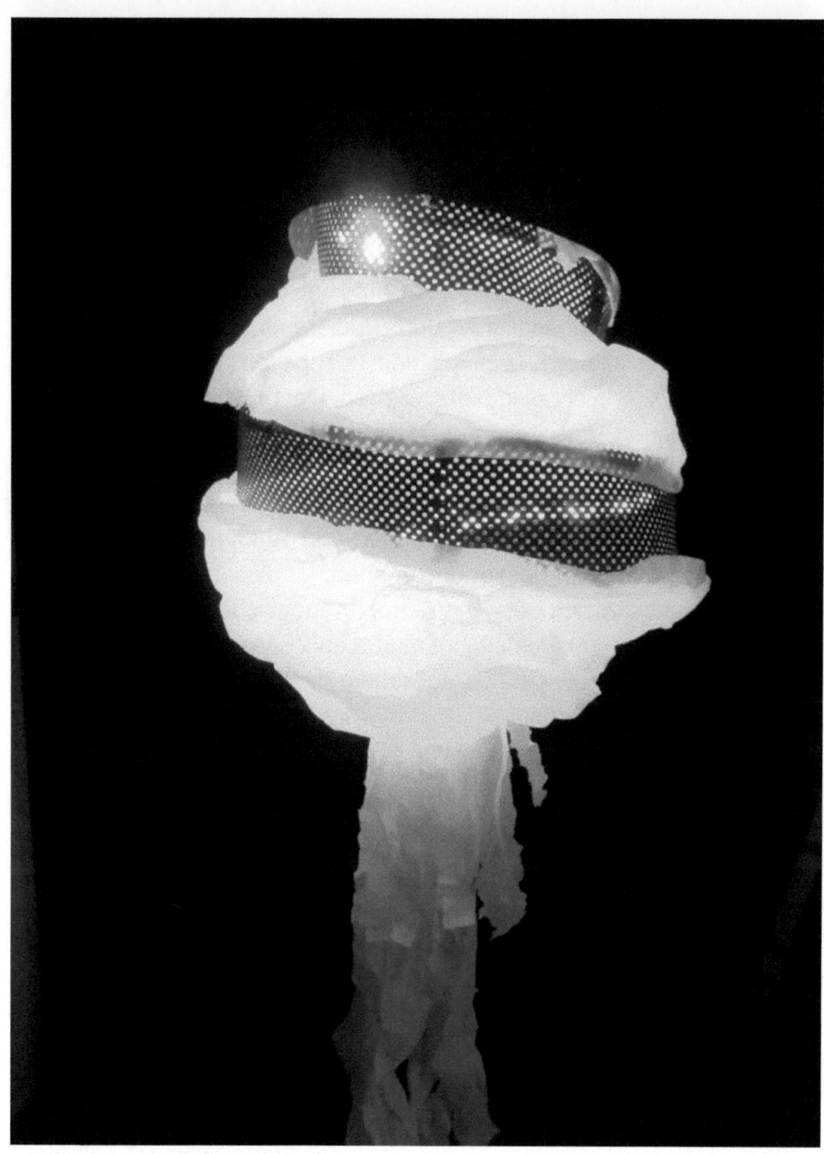

Abb. 6: Interaktives Lichtobjekt

Lernprozessbegleitung ist eine Art der Führung, für die sowohl Vorbereitung als auch Mehrarbeit erforderlich sind, so dass sich die Lernprozessbegleitenden mit ihrer Rolle, den Zielen und Inhalten auseinandersetzen können, um individuell und flexibel zu beraten.

Fazit

Das Forschungsprojekt „MediaArt@Edu" hat Neuland betreten. Die Projektidee war es, Jugendlichen und Studierenden neue Gestaltungsräume und ganz aktuelle Technologien anzubieten, die in der Berufsvorbereitung bisher nicht eingesetzt wurden. Davon ausgehend, dass es bei der beruflichen Vorbereitung und Orientierung nicht so sehr darauf ankommt, die Jugendlichen mit einer weiteren Maßnahme zu versorgen, sondern darauf, dass sie selbst befähigt werden, eigene Ressourcen zu aktivieren, um zu lernen, mit Umbrüchen und Anforderungen in ihrem zukünftigen Berufsleben besser umzugehen, ist dieses Projekt angetreten, eine gesellschaftlich benachteiligte pädagogische Zielgruppe integrieren und in Lern- und Gestaltungsräume im ZKM und an der Universität zu führen, die dieser Gruppe außerhalb des Projektkontexts weitgehend verschlossen bleiben.

Das Projekt hat erste Grundlagen der Erforschung von künstlerisch-technischen Ansätzen bei der Zielgruppe „Jugendliche in Berufsvorbereitungs- und -orientierungsmaßnahmen" geleistet. Generell wurde der kunstpädagogisch basierte Ansatz des „MediaArt@Edu"-Projekts mit dem freien künstlerischen Bearbeiten offener Aufgabenstellungen von den beteiligten Jugendlichen außerschulischer Berufsvorbereitung sehr positiv angenommen. Oftmals favorisierten die Jugendlichen das freie Arbeiten trotz der von ihnen festgestellten Herausforderungen, die damit ihrer Wahrnehmung nach einhergingen. Generell stellten die eingesetzten Medien und Technologien einen Motivator für die Jugendlichen dar, der ihr Interesse weckte und durch den spielerischen Ansatz auch für weniger technikerfahrende und technikaffine Jugendliche reizvoll war. Trotz der gemeisterten Tätigkeiten bei der kooperativen Konzeption, Entwicklung, Gestaltung, Konstruktion und Inbetriebnahme der eigenen Projekte, hatten die Jugendlichen kaum ein Bewusstsein über die eigenen Fähigkeiten, ihre Bedeutung für die Zukunft und ihre berufliche Verwertbarkeit, so dass eine angeleitete Reflexion essentiell erforderlich war, um Teilnehmenden zu ermöglichen, eigene Ressourcen und Stärken nicht nur im Projektkontext zu erleben und anwenden zu lassen, sondern ihnen diese auch explizit als Könnerschaft vor Augen zu führen.

Das Portfolio diente dabei der Einübung und Veranschaulichung von Arbeitsschritten und Prozessen, um die Reflexion dieser visuellen Dokumentation und der vollzogenen Tätigkeiten zu unterstützen und im Feedback-Gespräch mit den Mentorinnen und Mentoren in den Dialog darüber zu treten.

Die Projektergebnisse machten deutlich, dass eine individuelle Unterstützung für die sehr heterogene Gruppe von Vorteil ist und dass die systematische Implementierung eines maßgeschneiderten Übergangscoachings für die einzelnen Jugendlichen in die Berufsvorbereitung erforderlich ist.

Im Forschungsprozess wurden weitere Forschungsdesiderata identifiziert, die es zukünftig zu untersuchen gilt. Forschungsfragen sind u.a.:

- Wie kann der Ansatz der künstlerisch-technischen Medienbildung systematisch in die Berufsvorbereitungsmaßnahmen integriert werden, so dass der Ausnahmecharakter der Portfolio-Projektarbeit überwunden werden kann und Jugendliche regelmäßig künstlerisch und medial offene Aufgabenstellungen in der beruflichen Vorbereitung gestaltend erarbeiten können?

- Wie kann die Portfolioarbeit und deren Reflexion nachhaltig in Berufsvorbereitungsmaßnahmen fortgeführt werden, so dass eine Portfolio-Kultur entwickelt wird? Hier würde sich eine Untersuchung von nachhaltiger Portfolio-Nutzung und Entwicklung einer Portfolio-Kultur in Berufsvorbereitungsmaßnahmen anschließen.

- Eine Untersuchung hinsichtlich der Wirkung des Projektes auf die Jugendlichen (z. B. Berufswunsch oder tatsächliche Berufseinmündung) wäre wünschenswert.

- Die Fragestellung, wie die Mentoring-Arbeit in die Berufsvorbereitungsmaßnahmen als Übergangscoaching nachhaltig integriert werden kann, ist noch zu untersuchen.

Der kunstpädagogische Ansatz mit seinen offenen Aufgabenstellungen und dem frei angelegten, experimentellen Arbeiten entlang der eigenen Projektkonzeption und selbstgesteuerten Realisation eigener Ideen wurde von den Teilnehmenden, die in der beruflichen Vorbereitung wenig künstlerisch-medial arbeiten und aus der Schule stärker instruierte, benotete Lernsituationen im vornehmlich lehrerzentrierten Unterricht kennengelernt haben, positiv aufgenommen und mit großem Interesse umgesetzt.

Die Prozesse einer ästhetisch-künstlerisch initiierten Auseinandersetzung der Beteiligten mit unterschiedlichen Medientechnologien lassen sich durch die haptisch-visuelle Portfolioarbeit gut sichtbar machen. Überfachliche, berufsunabhängige Kompetenzen und Fähigkeiten, die das in der Projektarbeit prozesshaft erworbene Wissen und Können beinhalten, werden den Jugendlichen durch die verschiedenen Medien und Formen der Visualisierung (Fotos, Skizzen, Plakatwand, Video, Blog) und durch die nachfolgend angeleitete Reflexion darüber im Feedbackgespräch entlang der Prozesse zunehmend bewusst.

Die Jugendlichen konnten durch die praktische Projektarbeit und Mediengestaltung positive Lernerfahrungen sammeln, sich selbst als kreative Persönlichkeiten erleben und andere, künstlerische Zugänge zur Technik entdecken, ihre Projektarbeit dokumentieren und sichtbar machen. Darüber hinaus ging es dabei über die Erarbeitung bloßer Gestaltungsaufgaben mit Medien hinaus, indem die eigenen Fähigkeiten in Feedbackgesprächen reflektiert und bewusstgemacht wurden.

Die Konstellation im Forschungsprojekt zeichnet sich durch seinen Praxisbezug mit der gleichzeitigen Integration forschungsorientierter Lehre aus, fand außerhalb des Elfenbeinturms Universität statt und führte unterschiedliche pädagogische Zielgruppen synergiebildend zusammen: Jugendliche in der schwierigen Phase des Übergangs und der beruflichen Orientierung sowie Studierende, die aus ihrer Position heraus über den Tellerrand der Universität hinausblicken und in die pädagogische

Praxis nicht nur hineinschauen, sondern sich in dieser selbst erproben konnten. Dies wurde realisiert, indem sich die Beteiligten auf Augenhöhe begegneten, um den Übergang in den Beruf für beide beteiligten Zielgruppen – Studierende und Maßnahmenteilnehmende – zu erleichtern und die Situation der Jugendlichen individuell zu verbessern.

Was die Jugendlichen dabei in allen Projekt-Workshops getan haben, war es, etwas, das es noch nicht gibt, aus der Vorstellung heraus zu erschaffen, es in Projekten zu realisieren, zu reflektieren, es per Video aufzuzeichnen und zu präsentieren. Den Studierenden kam dabei eine Doppelrolle zu, denn sie erprobten sich als unterstützende Mentorinnen und Mentoren sowie als Forschende, die Beobachtungen festhalten und an die Wissenschaftliche Begleitung zurückspiegelten. Dies war eingebunden in ein Projektseminar im Rahmen forschungsorientierter Lehre mit einer die Disziplinen übergreifenden Gruppe von Studierenden.

Um die nachhaltige Wirksamkeit des Projekts zur Verbesserung der beruflichen Situation und Einmündung in Ausbildungsplätze der Jugendlichen sicherzustellen, sollte eine langfristige Einbettung eines „Übergangscoachings" in die Ausbildung von Pädagoginnen und Pädagogen am KIT verankert werden.

DANK

Wir danken dem Projektförderer Bundesministerium für Bildung und Forschung (BMBF) und dem Projektträger DLR Bonn, den Projektpartnern Agentur für Arbeit Karlsruhe (Waldemar Jonait), den Bildungsträgern USS (Diana Link, Marcus Willem) und AAW (Christian Jäger) Karlsruhe, den Teilnehmerinnen und Teilnehmern der Berufsvorbereitenden Bildungsmaßnahmen der Agentur für Arbeit Karlsruhe der Jahrgänge 2012-2015.

Außerdem gilt unser Dank den Referentinnen und Referenten des ZKM Aline Bruand, Fanny Kranz, Mirko Frass, Thorsten Belzer und Andreas Köhler sowie der ZKM | Museumskommunikation (Leitung Janine Burger und Mitarbeiterin Banu Beyer) am Zentrum für Kunst und Medientechnologie. Weiterhin bedanken wir uns bei den Projektpartnern des Stadtmedienzentrums Karlsruhe (Leitung Jörg Schumacher), dem Beo-Netzwerk Karlsruhe (Gabi Matusik, Regina Schmidt) und der Wissenschaftlichen Mitarbeiterin Andrea Wüst.

Wir danken den Studierenden, die von 2012-2015 am Forschungsprojekt beteiligt waren sowie den Studentischen Hilfskräften des "Media-Art@Edu"-Teams: Sabine Bauer, Anna-Luisa Burg, Miriam Burkhart, Paulina Dobroc, Anne Giertz, Sebastian Köhli, Melanie Kübler, Pia Mozer, Raphaela Pellicia, Anne Rapp, Christian Schneider, Carolin Uller, Sarah Walter und Nicole Widmann.

Projektinformationen

Künstlerisch-technische Medienbildung in Berufsvorbereitung und Berufsorientierung: Neue Ansätze zur Förderung digitaler Medienkompetenz von Jugendlichen ("MediaArt@Edu")

Laufzeit 2013-2015 | Förderkennzeichen: 01PZ12004, gefördert im BMBF-Programm „Stärkung der Digitalen Medienkompetenz für eine nachhaltige Medienbildung in der beruflichen Qualifizierung", Website: http://www.ibap.kit.edu/mediaartedu/

Literaturverzeichnis

Bauer, G./Brater, M./Büchle, U./Dufter-Weis, A./Maurus, A./Munz, C. (2010): Lern(prozess)begleitung in der Ausbildung. Wie man Lernende begleiten und Lernprozesse gestalten kann. Ein Handbuch, Bielefeld.

Brater, M./Haselbach, D./Stefer, A. (2010): Kompetenzen sichtbar machen. Zum Einsatz von Kompetenzportfolios in Waldorfschulen, München.

Bylinski, U. (2014): Gestaltung individueller Wege in den Beruf. Eine Herausforderung an die pädagogische Professionalität. Bonn.

Buechley, L./Eisenberg, M./Catchen, J./Crockett, A. (2008): The LilyPad Arduino: Using Computational Textiles to Investigate Engagement, Aesthetics, and Diversity in Computer Science Education, in: Proceedings of CHI 2008, Aesthetics, Awareness, and Sketching, April 5-10.08, Florence, Italy.

Buechley, L., Eisenberg, M. and Elumeze, N. (2007): Towards a Curriculum for Electronic Textiles in the High School Classroom. In Proceedings of the Conference on Innovation and Technology in Computer Science Education (ITiCSE), Dundee, Scotland.

Druin, A./Hendler, J. (2000); Robots for kids, Amsterdam, Boston.

Druin, A (ed. 2009): Mobile Technology for Children – designing for interaction and learning, Amsterdam, Boston.

Kafai, Y. (1995): Minds in Play. Computer Game Design as a Context for Children's Learning. Hillsdayle, US, Hove, U.K.

Kafai, Y./Heeter, C.,/Denner, J./Sun, J.:(ed., 2008) Beyond Barbie® and Mortal Combat. New perspectives on Gender and Gaming. Cambridge, Ma.

Kafai, Y./Resnick, M.: (2008) Constructivism in practice. Designing, thinking and learning in a digital world.

Kafai, Y./ Burke, Q. (2014): Connected Code. Why children need to learn programming. Cambridge, Ma.

Turkle, S. (2011): Alone Together. Why we expect more from technology and less from each other. Cambridge, Ma.

Turkle, S. (ed., 2007): Evocative objects. Things we think with. Cambridge, Ma.

Turkle, S. (ed., 2008): Falling for Science. Objects in mind. Cambridge, Ma.

Turkle, S.: (ed.:2008): The inner history of devices, Cambridge, Ma.

Turkle, S.:(ed., 2006): Simulation and its' discontents. Cambridge, Ma.

Papert, S. (1993): The Children's machine. Re-thinking school in the age of the computer, New York.

Papert, S. (1982): Gedankenblitze. Reinbek b. Hamburg.

Peppler, K. (2013): New Creativity Paradigms: Arts Learning in the Digital Age. New York.

Reimann, D./Bekk, S. (2014): Künstlerisch geleitete Medienbildung mit Portfolios: Potenziale für Jugendliche in berufsvorbereitenden Bildungsmaßnahmen. Herausforderungen beim Übergang Schule – Beruf und das Konzept der berufsbiografischen Gestaltungskompetenz. In Medienimpulse. Potenziale digitaler Medienkunst. 02/2014.

Reimann, D./Bekk, S. (2014b): Game design with portfolios and creative skills, in: Creativity in the Digital Age, edited by Nelson Zagalo and Pedro Branco. London.

Reimann, D./Fischer, M. (2011): Künstlerisch-technische Medienbildung in Berufsvorbereitung und Berufsorientierung: Neue Ansätze zur Förderung digitaler Medienkompetenz von Jugendlichen (Akronym: „MediaArt@Edu"), BMBF-Projektantrag, Bonn.

Reimann, D. unter Mitarbeit von Wüst, A./Burkhart, M. (2014): Digitale Medien als ästhetische Erfahrungsräume für Jugendliche in berufsvorbereitenden Bildungsmaßnahmen, in: Kammerl, R./Unger, A./Grell, P./Hug T. (Hg.): DGfE, Jahrbuch Medienpädagogik 2014, Diskursive und produktive Praktiken in der Digitalen Kultur, S. 209-230.

Reimann, D./Wüst, A. (2014): Ästhetisches Handeln als Lernprinzip im Fach Technik: Konzepte für eine ästhetisch-künstlerisch geleitete Berufsorientierung mit interaktiven Textilien, BDK Nachrichten 3/2014.

Reimann, D. unter Mitarbeit von Wüst, A./Burkhart, M (2014b): Künstlerisch-technische Medienbildung zur Förderung digitaler Medienkompetenz von Jugendlichen: Theoretische Grundlage und didaktische Position eines Forschungsprojekts, in: Dichtung Digital, Journal für Kunst und Kultur Digitaler Medien.

Reimann, D./Himmelmann, K. (2012): Projektbeispiel „Interaktive Kleidung", in „Praxishandbuch Lust auf MINT", herausgegeben von der Jugendstiftung Baden-Württemberg.

Reimann, D. (2006): Ästhetisch-informatische Medienbildung mit Kindern und Jugendlichen. Grundlagen, Szenarien, Empfehlungen für Gestaltungsprozesse in Mixed Reality-Lernräumen. Oberhausen.

Resnick, M. (2008): New Paradigms for Computing, New Paradigms for Thinking. In: Kafai, Y., Resnick, M.: (ed., 2008) Constructivism in practice. Designing, thinking and learning in a digital world. S. 255-267.

Abbildungsverzeichnis

Abb.1: Phasen der Projektgestaltung © 2015 Simone Bekk (BMBF-Forschungsprojekt „MediaArt@Edu")

Abb. 2: Portfolio zum interaktiven Lichtobjekt © 2013 Daniela Reimann, Simone Bekk (BMBF-Forschungsprojekt „MediaArt@Edu")

Abb. 3: Berufsübergreifende Fähigkeiten © 2015 Simone Bekk (BMBF-Forschungs-projekt „MediaArt@Edu")

Abb.4: Beim Aufbau des interaktiven Lichtobjekts © 2013 Daniela Reimann, Simone Bekk (BMBF-Forschungsprojekt „MediaArt@Edu")

Abb.5: Prototyp © 2013 Daniela Reimann, Bekk (BMBF-Forschungsprojekt „MediaArt@Edu")

Abb.6: Interaktives Lichtobjekt © 2013 Daniela Reimann, Simone Bekk (BMBF-Forschungsprojekt „MediaArt@Edu")

Johann J. Beichel
Komponieren mit digitalen Medien in Bildungsprozessen

Abstract

Klangexperimente mit elektronischen Medien sind wichtiger Bestandteil eines schüler- und handlungsorientierten Musikunterrichts. Darüber hinaus auch Ansatz und Ausgangspunkt für musikalische Grunderfahrungen zur eigenschöpferischen freien Gestaltung. Diese ist mit unterschiedlichen Klangerzeugern möglich, z. B. mit traditionellen Musikinstrumenten, aber auch mit der Stimme oder Alltagsgegenständen. Dadurch können Schüler in Musizier- und Produktionsprozesse eintreten, die ihrem jeweiligen spieltechnischen Leistungsstand entsprechen und somit vielfältige Formen des Klassenmusizierens ermöglichen. Im Musikunterricht besteht die große Gefahr, dass sich Kinder und Jugendliche mit unsicherer Stimme, Problemen beim musikalischen gehör- oder instrumentaltechnischen Defiziten bloßgestellt fühlen. Musizieren und Experimentieren mit elektronischen Medien hingegen bietet einen gangbaren Weg zu Erfolgserlebnissen in der freien und eigenschöpferischen Gestaltung.

Bevor wir uns auf die o.g. Themenstellung und Überschrift unkritisch einlassen, sollte der semantisch einerseits prominent besetzte, andererseits auch respektlos fremdvereinnahmte Begriff der Komposition und des Komponierens – e.g. Das Blumengesteck war geschmackvoll komponiert – für den vorliegenden Kontext ersetzt werden durch den entspannteren und unbelasteten Begriff des schöpferischen Gestaltens. Denn bei allen Erfindungen, die wir vorläufig noch nicht Kompositionen nennen wollen, sei zuvörderst überprüft, ob es um originelle Schöpfungen geht oder nur um Reproduktionen des längst Vorhandenen, das dem sogenannten Erfinder nur nicht bekannt war oder dieser vorsätzlich kopiert.

Bedeutungen von „komponieren" – vom lateinischen Verb componere – sind ja auch „aus Einzelteilen nach bestimmten Regeln zusammenstellen und anordnen". Und als Synonyme werden ausgewiesen: gestalten, anordnen, arrangieren, zusammenstellen, aufbauen, aufeinander abstimmen. So bietet sich an, allen Erfindungen auch Qualitätskriterien z. B. als kunstnahe Originalität zuzumuten. Reden wir also zunächst von Gestaltungsergebnissen und später nach erfolgter ästhetischer Beurteilung auch von Kompositionen.

Was immer nun Schüler erfinden – und hierbei geht es im vorliegenden Kontext ja um experimentelle Gestaltungen mit technischen Medien – ist qualitativ zu beurteilen, sind ästhetische Werturteile auch immer geboten, möglich und angemessen, was nachfolgend noch zu vertiefen sein wird. Entfallen diese Selbst- oder Fremdbewertungen, so wird aufbauendes Lernen, und damit verknüpft, fortschreitende Qualitätssteigerung verhindert.

Zunächst aber gilt die vorrangige Forderung, dem Schubladendenken der Kunstsparten zu entrinnen, denn noch immer wollen Kunstakademien und Musikhochschulen nichts oder nicht viel miteinander zu tun haben, und für zwei andere pädagogisch relevante Kunstsparten, nämlich „Tanz" und „Theaterspiel", ist eine spezifische, sprich grundständige Lehrerbildung erst gar nicht auffindbar. Musik sei schon lange nicht mehr eine nur durch das Ohr vermittelte und zur Geltung gebrachte Angelegenheit, argumentiert Hermann-Josef Kaiser als prominenter

Musikdidaktiker kritisch gegen überkommene Einigelungsversuche seiner eigenen Zunft (Kaiser, H.-J. 2006. S. 93).

Am Standort des ZKM, des Zentrums für Kunst und Medientechnologie in Karlsruhe und aus der Perspektive des aktuellen Kunstschaffens gibt es wohl keine Alternative zur Kunstspartengrenzen überwindenden Argumentation. Auch die Filmkunst zeigt längst, wohin die interdisziplinäre Reise geht: Wie langweilig wären emotionale Filmszenen ohne die Stimmung schaffende emotionale „Begleitmusik", und wie anders klingt und wirkt Musik mit verbundenen Augen? Längst haben uns auch Psychologen, Mediziner und Neurowissenschaftler nachgewiesen, dass unsere verschiedenen Wahrnehmungssysteme ständig interagieren und zum Zweck vollständiger Wahrnehmung Koalitionen bilden (vgl. Guski, R. 2000, Kap.8).

Einseitig musikalische Erfahrung ist z. B. „nur" ein Spezifikum allgemeiner ästhetischer Erfahrung (vgl. Kaiser, H.-J 1996, S. 18), eine Subkategorie also, die immer im Kontext der Aisthesis zu denken sein wird und ohne Einbeziehung aller anderen Sinne ein Torso bleibt. Insofern greift eine eigenständige Bildungstheorie für die Ästhetik des Hörbaren immer dann zu kurz, wenn es um den anthropologischen Anspruch einer Bildung des ganzen Menschen geht, denn: „Wer sich der Partikularität überlässt, ist ungebildet" (Gadamer, H.-G. 1993/1, Hermeneutik I, S.18). Martin Seel behauptet gar, dass ohne die Beachtung der immanenten Verschränkung der Künste alle Kunstwerke als Darstellungsereignisse überhaupt nicht zu verstehen seien (vgl. Seel, M. 2007, S. 63).

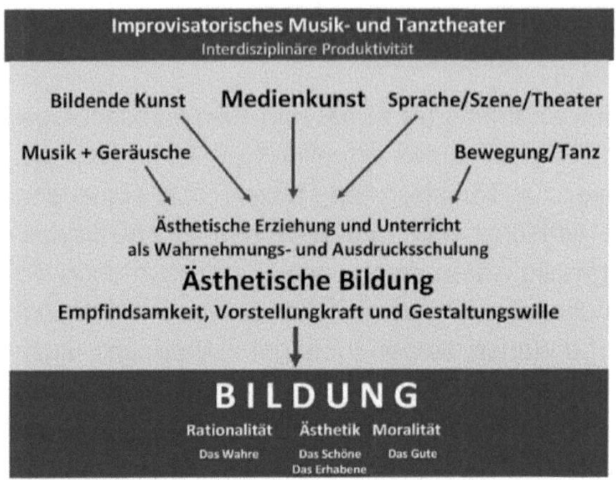

Abb. 1: Improvisatorisches Musik- und Tanztheater

Auch seien die „Cultural Turns" zur Horizonterweiterung gesamtkünstlerischer Intentionen angesprochen und berücksichtigt: Bei Csaky und Leitgeb (2009) als Nachfolgethema zum „Spatial Turn" der Kulturwissenschaften findet sich eine Studie von Christa Brüstle mit der Aufklärung darüber, dass Klang immer auch eine performative Prägung durch die Räumlichkeiten erhalte, in denen er stattfindet. Klang sei ja immer auch Aktion und nicht von ungefähr sei vom Klangbild oder gar vom Klangpanorama die Rede (vgl. Brüstle, C. 2009, S. 113 ff).

Nach dieser Einsicht dürfen wir getrost die Medienkünste als Brückenschlag zu und zwischen den Nachbarkünsten betrachten, denn gerade dieser Gestaltungsbereich – denken wir an die Unterkategorie der Filmkunst und die unzähligen Möglichkeiten moderner Bildprojektionen – ist vorzüglich dazu geeignet, das Auditive mit dem Visuellen zu verbinden. Martin Seel dazu:

„Wer nicht versteht, dass Filme wesentlich Musik fürs Auge sind, wer nicht sieht, dass der Unterschied zwischen substantivischem und verbalem Stil in Lyrik und Prosa auch eine grafische Differenz macht, wer nicht spürt, dass Musik und Malerei immer auch räumliche Künste sind, wer also nicht merkt, dass beispielsweise Installationen in der Räumlichkeit von Bildern und Klängen ihre Wurzeln haben, der bekommt vom

Geschehen der Künste nicht genug mit, um hier überhaupt Erfahrung machen zu können" (Seel, M. 2007, S. 66).

Ortwin Nimczik und Wolfgang Rüdiger (vgl. 2004, S. 5) haben die aktuelle und zunehmende „Ausfransung der Künste" an ihren Rändern als Überschneidung mit den anderen Disziplinen längst didaktisch und methodisch umgesetzt. Ihr offener Spartenbegriff zeigt einen Weg zur angestrebten Ästhetikdidaktik dieser Studie: Wechselbezüge von Musik zu Sprache, Bild, Bewegung und Szene gestaltend zu erfahren und herzustellen ist ihr Anliegen, und sie rufen John Cage, Peter Hoch, Dieter Schnebel u.a. in den künstlerischen Zeugenstand.

Ihr Credo: Die vorsätzliche Vernetzung verschiedener Kunstgattungen eröffne ungeahnte Möglichkeiten eines interdisziplinären, fächerübergreifenden und Kultur erschließenden Arbeitens in Schule und Musikschule. Und da in aller Musik, der klassischen wie der modernen, in Form von Notenbild, Aufführungssituation und Sprachcharakter im Grunde immer alle Künste präsent seien, wirke sich eine künstlerische Praxis, in der dies explizit thematisch wird und Kunstgattungen sich bewusst verbinden, auch auf die Beschäftigung mit klassischer Musik positiv aus: in Auftrittsverhalten, Bühnenpräsenz, präzisem Blick auf das Notenbild und kreativer Gestaltung, die mehr sei als nur Reproduktion: Produktion des geistigen Gehalts der Musik durch die Verwirklichung ihres materialen Sinns.

Die freie Verklanglichung graphischer Partituren und Klanggemälde mit tontechnischen Medien taugen sehr wohl als Türöffner zum Wollen und Sich-Trauen auch und gerade im auditiven Bereich. Damit ist der Zugang zu einer kunstnahen Handlungsbereitschaft und zu nachhaltigem Gestaltungswillen interdisziplinär vielversprechender als eine „musikalische Einbahnstraße", die dem Musikschulwesen in bestimmten Instrumentalfächern im Pubertätsalter der Schüler hohe Abmelderaten beschert, welche in den Kunstbereichen Theater, Tanz oder in der Bildende Kunst weitaus geringer ausfallen.

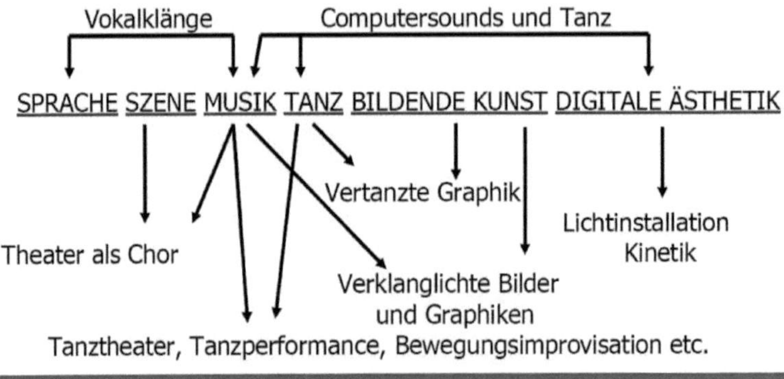

Abb. 2: Mögliche Kunstsparten übergreifende Projekte

Schülerseits sind derartige Brückenschläge zwischen den Künsten weitaus einfacher, auch vergnüglicher und ohne Berührungsängste zu vollziehen. Auf Seiten der Lehrpersonen muss deren „Einzelhaft" im Fachgebiet mit dem begründeten und unverzichtbar hohen künstlerischen Anspruch erst überwunden werden, um eine unvoreingenommene Öffnung und gesundes wie gleichberechtigtes Kooperationsvertrauen zu vollziehen.

Es geht hier beileibe nicht um die Aufhebung oder Abschwächung der fachlichen und künstlerischen Ansprüche in den Kunstsparten, sondern um die Gemeinsamkeiten in der erwünschten solidarischen Zuständigkeit für das sinnlich wahrnehmbare Schöne und Erhabene der Lebenswelt, das uns aufmerksam und sensibel machen wird für das Gute und Mitmenschliche. Dazu Friedrich Schiller in seinem 23. Brief: Ästhetische Erziehung sei die Voraussetzung, um „den sinnlichen Menschen vernünftig zu machen". Der Charakter des Menschen werde so „veredelt", dass sich die Vernunft und damit die Freiheit von alleine entwickelt. Ist dies geschehen, so werden Harmonie und das Wohl der Allgemeinheit der „edlen Seele" ein Bedürfnis statt „Pflicht" und Ausdruck ihrer „Würde". Und mit den Worten Rüdiger Safranskis (2005): Das Sollen soll nicht herrschen über das Wollen, sondern das Wollen soll durch Ästhetische Erziehung und Kunst so kultiviert werden, dass es das Sollen in seinen Willen aufnimmt. Der dennoch weite und beschwerliche Weg vom Wahrnehmen des Schönen und des Guten zum zunächst ästhetischen, dann auch moralischen Handeln, von der Erkenntnis des Guten bis zum Tun des Guten darf dabei nicht unterschätzt werden.

„Wie sieht die Zukunft der Musik aus?" fragt Robert Jourdain (2001, S 400 ff.) in seiner Publikation „Das wohltemperierte Gehirn – Wie Musik im Kopf entsteht und wirkt", und er kommt zu dem Schluss, dass künftig einerseits die Prinzipien von Wohlklang und Schönheit neu zu definieren seien, andererseits aber die neuen Technologien ungeahnte Klangvariationen und Stilmittel hervorbrächten und die Computer bisher ungehörte Töne und Klänge so werden verschachteln können, dass spektakuläre neue „Klanglegierungen" und sphärische Klangeinheiten entstünden, die heute jenseits alles Vorstellbaren lägen. Insofern werden künftige Musiker und Komponisten sehr viel dichter an die Physikalische Akustik heranzuführen sein als traditionell mit musikalischer Produktion beschäftigte Klangarchitekten.

Schon heute haben sich diesbezüglich die Grenzen zwischen klassischer, ernster oder E-Musik und anderen Bereichen des Klingenden gänzlich verwischt. Für die Musiklehrer(aus)bildung erwachsen damit neue Ansprüche und Herausforderungen, die im „klassischen" Lehrbetrieb der Musikhochschulen von hinreichenden Lösungen und Angeboten noch ein gutes Stück weit entfernt sind. Die Einbeziehung von Geschichten, Bildern und Hörspielen als Umsetzung von Höreindrücken oder als Anregung zum Erfinden und Ausführen von Musik böten besonders für die Orientierungsstufe wichtige Vermittlungsmöglichkeiten zwischen musikalischem Experimentieren, Rezipieren und Reflektieren, erkennt Rudolf Frisius, der auch auf Nahtstellen zur Physik verweist. (vgl. Frisius, R. 1972, S. 179 und 230).

Klangexperimente mit elektronischen Medien sind nicht nur wichtiger Bestandteil eines schüler- und handlungsorientierten Musikunterrichts, sondern zentraler Ansatz und Ausgangspunkt für wichtige musikalische Grunderfahrungen. Diese sind auf verschiedenen Ebenen und mit unterschiedlichen Klangerzeugern möglich, wie beispielsweise der menschlichen Stimme und Alltagsgegenständen. Dadurch können Schüler in Musizier- und Produktionsprozesse eintreten, die ihrem jeweiligen Leistungsstand entsprechen und vielfältige Formen des Klassenmusizierens ermöglichen. Anhand verschiedenartiger Unterrichtsmodelle lässt sich zeigen (vgl. Beichel, J. 2007), wie Schüler an den praktischen Umgang mit Neuer experimenteller Musik herangeführt werden können. Dabei folgt er Ansätzen experimenteller Musikpädagogen, die sich in engen Wechselwirkungen mit Kompositionen des 20. Jahrhunderts präsentieren (z. B. von John Cage, Dieter Schnebel, Mauricio Kagel, Josef Anton Riedl). Im Musikunterricht besteht die große Gefahr, dass sich Kinder und Jugendliche mit unsicherer Stimme, Problemen beim musikalischen Gehör oder instrumentaltechnischen Defiziten bloßgestellt fühlen. Dies zu vermeiden ist entscheidend, und die Musik mit elektronischen Medien selbst bietet dazu den einfachsten Weg, denn sie besteht ja nicht nur aus Noten und Melodien, sondern auch aus Rhythmus, zu dem praktisch jeder Schüler Zugang findet.

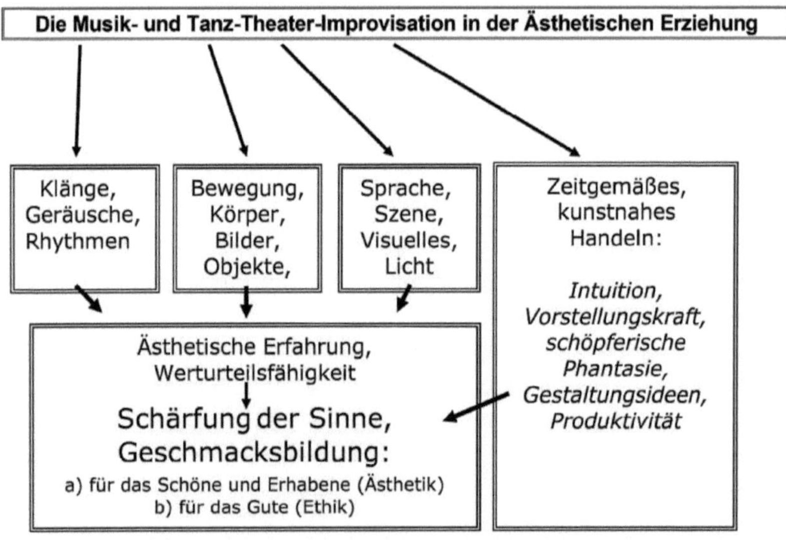

Abb. 3: Wege zur ästhetischen Erfahrung und Schärfung der Sinne

Bei alledem ist im freien Experimentieren mit Klängen, Geräuschen und Rhythmen kritisch zu fragen, ob nicht Beliebigkeit die Oberherrschaft übernimmt und selbstgefällige Zufriedenheit mit klingenden Banalitäten geschieht, damit auch Lernen und Zuwächse an ästhetischer Werturteilsfähigkeit auf der Strecke bleiben?

Wie steht es mit künstlerischen Ansprüchen im Klangexperiment? Gerät Schule damit unter Laxismus-Verdacht?

Wem die bekannte Dilettanten- und Musikantenschelte von Theodor W. Adorno gegenüber Musikpädagogen (vgl. Adorno, T. 1982/6., S. 103) noch in den Ohren klingt, darf sich von dem italienischen zeitgenössischen Philosophen Gianni Vattimo beruhigen lassen:

„Auch die Werke geringeren Ranges legen die wesentlichen Züge unserer Weise fest, die Ereignisse und Erfahrungen zu deuten, indem sie zeigen, wie die subjektive Innerlichkeit im Werk eine konkrete, sichtbare Gestalt annimmt und in Beziehung zur Welt tritt. Die Kunst ist Erfahrung von Wahrheit, weil sie wahre Erfahrung ist. Sie verwandelt uns, verändert unsere Sicht der Welt, bringt Werke hervor, die nicht einfach zur Welt hinzukommen als Gegenstände unter Gegenständen" (Gianni Vattimo 2002, S. 111).

Peter Sloterdijk unterstützt diese Erkenntnis Vattimos und weist in seinem Plädoyer für die „ptolemäische Abrüstung" alle Versuche Adornos zurück, die Ästhetik im Allgemeinen und die Neue Musik im Spezifischen für den schwarzseherisch prognostizierten Weltuntergang als „Hermeneutik der Hölle" zu instrumentalisieren:

„Die Kunst entdeckt die Möglichkeit wieder, für sich selbst zu sprechen und es ist nicht wahr, dass der ästhetische Laxismus vor der Machtergreifung steht ..." (Sloterdijk, P. 1987, S. 43/70/72).

Gegen den Vorrang des Denkens und vieler frustrierender naturwissenschaftlichen Wahrheiten („Wenn die Sonne aufgeht, geht nicht die Sonne auf!" a.a.O. S. 57 ") behauptet die „ptolemäische Abrüstung" den wiedererkannten Vorrang der Gefühle, der freien Wahrnehmung, der ästhetischen Sensibilisierung und „...für Sloterdijk heißt das auch, das Recht der Ohren auf den einfachen, harmonikalen Klang als erwünschte Ablösung eines in die Irre leitenden Kopernikanismus, mit dem hochmütigen Anspruch der Vernunft, ihre bloß erdachte Wahrheit über jegliche sinnliche Plausibilität zu stellen" (Breuer, I. „Wahrheit oder Schönheit?" 2001, S.182).

Ermutigend ist die motivierenden Erkenntnis des Karlsruher Vertreters der zeitgenössischen Philosophie, dessen Einsicht auch deshalb willkommen ist, weil sie die Sorge mindert, den radikalen Paradigmenwechsel zu vollziehen, von der aktuellen Penetranz in der Bildungsstandard- und Kompetenzdiskussion in Schule und Lehrerbildung hin zu einer Intensivierung des Empfindungsvermögens und der Entfaltung gestaltender Vorstellungskraft bei allen Beteiligten, den Schülern wie auch allen Lehrpersonen, die sie zur neuen Offenheit, zu Neugier, Risikobereitschaft, schöpferischem Antrieb und zum Staunen begleiten.

„Soll aber das, was wir von Tag zu Tag treiben, Leben bedeuten, so muss es sich als etwas Unbekanntes, sich selber Fremdes, sich selber Unheimliches, sich selber unendlich Überlegenes erfinden und entdecken. In ihm gälte der Vorrang des Zerbrechlichen vor dem Endgültigen, des Unbekannten vor dem Enthüllten, des Unvollendeten vor dem Perfekten. Die kleinste abenteuerliche Fiktion wöge in ihm mehr als das umfassendste terminale Wissen" (Sloterdijk, P. 1987, S. 118).

Und zur Abkehr von „musikalisch-klassischer Einäugigkeit": Wer sich heutzutage noch auf den partikularen Begriff „Musikalische Bildung" einlässt, beteiligt sich unweigerlich an einer zu engen „Schrebergarten-Theorie" der Ästhetischen Bildung. Dort, im Bereich des nur Hörbaren, mag es prächtig grünen und blühen, aber ein dichter Zaun verhindert den Blick in all jene Richtungen ästhetischer Ereignisse, in denen es auch prächtig grünt und blüht. Unsere Schüler bedürfen für ihre Weltwahrnehmung aber eines Überblicks über alle Bereiche elaborierter Sinnlichkeit, Wahrnehmung und Gestaltung. Deshalb sind die Musikpädagogik und ihre didaktischen Theorien im alten Sinn immer nur Subkategorien ästhetischer Erziehung. Unstrittig, aber eben nur partikular, geht es in eben dieser Subkategorie um kunstnahen Unterricht (Aufbauendes Lernen) und um Musikerziehung (Nachhaltigkeit) damit sich oberhalb dieser Ereignisse und Erfahrungen im Subjekt Bildung ereignen kann.

Unverzichtbar ist aus einsichtigen Gründen, dass wir unseren Schülern die Gesamtheit ästhetischer Erfahrung mit allen Sinnen ermöglichen und damit Zugang verschaffen zu allen Künsten und zu Anregungen für eigenschöpferisches, kunstnahes Handeln.

Experimentelles Erfinden und Gestalten als Kunstsparten übergreifende Chance

a) unter Einsatz moderner elektronischer Medien und

b) unter Anleitung ausgewiesener Fachexperten als Künstlerlehrer

wird dann möglich und pädagogisch wie auch künstlerisch Erfolg versprechend, wenn das Können der involvierten Lehrpersonen sich mit dem Wollen und Sich-Trauen der Schüler verbindet.

Das allgemeine kunstnahe Empfindungs- und Vorstellungsvermögen lasse sich weder vom jeweils konkreten Sinneseindruck noch von seinen Verknüpfungen mit darüberhinausgehenden auch außermusikalischen Eindrücken und Erfahrungen isolieren. Daher sei es möglich, dass außermusikalische Impulse sowohl das Musikerfinden und Musikmachen als auch das Musikhören mitbestimmen oder umgekehrt durch den Umgang mit Musik ausgelöst werden.

Dies muss keineswegs zu Lasten der Gestaltungsqualität gehen, sondern könne sich gerade unter musikimmanenten Aspekten als überaus fruchtbar erweisen. Beispielsweise könnten bildliche oder literarisch-szenische Umsetzungen gehörter Musik musikalische Einsichten vermitteln, die sich auch in terminologisch strenger Musikanalyse absichern ließen.

„Man bringt Kindern allzu häufig bei, was man wissen sollte, ohne dass sie lernen, was man lernen sollte. Damit, dass man um Beethovens Taubheit weiß, hat man kein musikalisches Verständnis erworben. Die wichtigen italienischen Renaissance-Maler und ihre größten Werke aufzählen zu können, bringt einem dem Genuss beim Betrachten eben dieser Werke keinen Schritt näher" (Gribble, D. 1991, S. 208).

Dennoch geht es nicht darum, Wissen und Können gegen Haltung, Orientierung, Intuition auszuspielen oder abzugrenzen, denn alle Teilbereiche der Wahrnehmung, des Denkens und des Handelns sind immer aufeinander bezogen und angewiesen, wenn von Bildung die Rede sein soll. Zuzüglich zu diesen kunsttheoretischen, wahrnehmungsspezifischen und didaktischen Argumentationen und Plädoyers für eine Kunstsparten übergreifende Didaktik sind noch folgende Beobachtungen aus der Musikalischen Früherziehung und aus dem Schülerzugang zu den Unterrichtsangeboten der Musik- und Kunstschule in Bruchsal von besonderer Relevanz: In einer interdisziplinär offenen Bildungseinrichtung, wo eine verfrühte Spezialisierung der Kinder auf das Singen, Musizieren, Tanzen, Theaterspielen oder im Bereiche der Bildenden Künste zugunsten möglicher "Grenzüberschreitungen" und Begegnungen in kunstnahen Bereichen zurücktritt, sind gescheiterte Schülerinnen und Schüler seltener, d.h. Rückzug und Abmeldequoten sind signifikant seltener und geringer. Ohnehin gibt es – nach den Bastian-Studien – kaum Kinder, die nur musikalisch begabt und/oder interessiert sind.

Heinrich Jacoby (vgl. 1984) führt überzeugende Nachweise, dass es vor allen kunstspartenspezifischen Argumenten vorrangig um Qualitäten des Ausdrucks oder um Ausdrucksdefizite geht, die ihrerseits an Wahrnehmungsfähigkeit, Empfindsamkeit und Vorstellungspotentiale gekoppelt sind (vgl. auch Richard Rorty). Vom „Können" sollte erst im Anschluss daran die Rede sein. Pädagogisch weitaus bedeutsamer erscheinen zunächst das Wollen und ein Sich-Trauen. Anders formuliert: „Können" sollte pädagogisch als ein energetischer Begriff verstanden werden, der Bereitschaft und Antriebsenergie beinhaltet. Denn jedes Können muss denn auch präsentiert werden wollen.

Für die vorliegende Themenstellung gilt darüber hinaus: Die Kunstbereiche wie Tanz, Theaterspiel, Sprache, experimentelle visuelle Gestaltung und experimentelles Sound-Designen am Computer etc. sind sehr viel später als das klassische Musizieren auf eine Grundhandwerklichkeit angewiesen. Daraus resultiert, dass eigenschöpferisches Handeln und Gestalten in Klang- und Rhythmusexperimenten und mit unkonventionellen und/oder modernen elektronischen Klangerzeugern ein guter Einstieg zu ernsthafter musikalischer Arbeit sein kann, weil Abschreckungspotentiale der technischen Vorbereitung und mühevolle Übungsphasen dazu vorläufig entfallen und erst in einem zweiten methodischen Schritt relevant werden.

Insofern war es – zur Ablösung überkommener Konzepte – an der Zeit, dass Werner Jank (2005) sein richtungweisendes didaktisches Modell aufbauenden Lernens im ästhetischen Erleben des Musikunterrichts vorlegte. Erklärtes Anliegen ist es, dieses moderne Konzept, soweit noch nicht erschöpfend erfolgt, bildungstheoretisch zu flankieren oder zu überdachen, vorzugsweise aber seine Kunstsparten übergreifende Offenheit zu erweitern in Richtung einer künftig noch zu erarbeitenden Gesamtdidaktik ästhetischen Handelns in Unterricht und Erziehung.

Ungeteilte Zustimmung erfahren die Wege und Perspektiven eines zeitgemäßen Musikunterrichts von Werner Jank. Er entwirft „in optimistischen, zukunftsfrohen Augenblicken" einen Musikunterricht:

- indem das eigene Musizieren der Schülerinnen und Schüler im Zentrum steht und in dem die Schüler vielfältige Möglichkeiten zu Musizieren vorfinden – nicht nur in Arbeitsgemeinschaften, sondern auch im Klassenunterricht und im Schulleben insgesamt;

- indem das musikalische Können der Schülerinnen und Schüler kontinuierlich und Schritt für Schritt aufbauend weiterentwickelt wird; indem das vielfältige eigene Musizieren das Fundament für systematisiertes und geordnetes Musikwissen bildet;

- einen Musikunterricht, der sich auf den außerschulischen Umgang der Schülerinnen und Schüler mit Musik bezieht, ihn aufnimmt und bereichert;

- einen Musikunterricht, der die Schüler nicht nur dort stehen lässt, wo sie sich musikalisch schon befinden, sondern der ihnen auch neue musikalische Erfahrungen, bisher unvertraute Musik und bisher unbekannte Umgangsweisen mit ihr aufschließt
(vgl. Jank, W. 2004, S. 11).

Und er wünscht sich Musiklehrer, die nicht fragen, welche Defizite ihre Schülerinnen und Schüler noch aufholen müssen, sondern welche Besonderheiten, welche individuellen Lösungen, welche interessanten und kreativen Ideen und welche Stärken sich in der musikalischen Persönlichkeit der Schüler zeigen. Denn im schöpferischen Umgang mit elektronischen Klangerzeugern sind gestaltungswillige Schülerinnen und Schüler zunächst von spieltechnischen Anforderungen befreit und somit erfahrungsgemäß mutiger für das Experimentieren und freie Improvisieren.

Der französische Philosoph Henry Bergson (1859-1941) springt uns zur Seite, wenn es darum geht, die Intuition oberhalb des rational berechnenden Handelns auszumachen und deren unterrichtliche und erzieherische Wirkung zu verstehen. Er weist alle herkömmlichen Theorien wegen ihrer rationalistischen Tendenzen zurück, die damit das Aufkommen irgendeines von Grund auf Neuen ja nicht erlauben.

Es geht in der Ästhetischen Erziehung also nicht in erster Linie darum, Kunstwerke zu erleben, zu erfahren, zu interpretieren und zu verstehen, sondern für jedes Schülerindividuum darum, ästhetisch zu handeln, selbst zu gestalten, sprich schöpferisch aktiv zu sein.

Klangexperimente sind nicht nur wichtiger Bestandteil eines schüler- und handlungsorientierten Musikunterrichts, sondern zentraler Ansatz und Ausgangspunkt für bedeutsame musikalische Grunderfahrungen. Diese sind auf verschiedenen Ebenen und mit unterschiedlichen Klangerzeugern möglich, wie beispielsweise der menschlichen Stimme, Alltagsgegenständen und elektronische Medien.

Dadurch können Schüler in Musizier- und Produktionsprozesse eintreten, die ihrem jeweiligen Leistungsstand entsprechen und vielfältige Formen des Klassenmusizierens ermöglichen.

Interessant ist auch und gleichzeitig ein willkommener Hinweis auf die gesellschaftliche Aktualität vorliegender Postulate, dass Filmemacher gerade in letzten Jahren wiederholt auf Darstellungen zurückgreifen, wo gemeinsames und mit Anstrengungsbereitschaft und Durchhaltevermögen realisiertes musikalisches Tun und Erleben zum Schlüssel für Sittlichkeit und Auslöser für neue Antriebsenergien wird, und zwar dazu, die Milieugefangenschaft der involvierten jungen Menschen zu verlassen. Zu erinnern ist in diesem Kontext an die überaus erfolgreichen Filme „Mr. Holland's Opus", „Sister Act I und II" Die Kinder des Monsieur Mathieu", „Billy Elliot" oder „Rhythm is it".

Ein weiteres Argument für die Konzentration einer ästhetischen Bildung auf Gestaltung anstelle von Kunst ist der Umstand, dass die Gegenwartskunst sich zunehmend von der traditionellen Vorstellung des "künstlerisch" gestalteten Werkes verabschiedet. Ein solcher Kunstbegriff muss natürlich Gegenstand jeder Kunsterziehung sein, Kunsterziehung aber ist nur eine Teilmenge von ästhetischer Bildung in dem hier vertretenen grundlegenden Sinne – und dafür ist er wenig brauchbar.

In einem Oberstufenprojekt am Karlsruher Humboldt-Gymnasium hat eine Schülergruppe auf der Grundlage von Schillers Räubern im Deutschunterricht eine Neugestaltung als Bänkelsang realisiert, die sowohl „klassische" Instrumente als auch elektronische Klangerzeuger und Bildprojektionen sehr erfolgreich einbezog.

Auf dem Technikmarkt finden sich inzwischen preiswerte Modelle von elektronischen Klangerzeugern mit zahlreichen Variationen für gewohnte, aber auch neue und experimentelle Sounds und Geräusche.

Abb. 4: Schüler des Humboldt-Gymnasiums bei der Umsetzung Schillers "Die Räuber" als Bänkelsang
(vgl. Beichel, J. 2007, S. 118 ff.)

Abb. 5: Screenshot SPC Music Sketchpad

Abb. 6: „RD4 – Groovebox is a music making app with virtual analog synthesizers, drum machines and effects. Compose and arrange your music in real-time."

Und als optimistischen Ausblick auf künftige noch ungeahnte Gestaltungsmöglichkeiten nach der überfälligen Überwindung der Berührungsängste mit auch elektronischen Klangerzeugern und Hilfen:

„Die Technik des Computers gewinnt mehr und mehr intellektuellen, ja ästhetischen Reiz; aus einem – tatsächlichen oder vermeintlichen – Antipoden des menschlichen Geistes wird allmählich eine „Denkpartnerschaft", die umso erfolgreicher ist, je souveräner, kreativer und unorthodoxer der Mensch seinen Part zu spielen vermag.

Der bloße Wissensspezialist findet im Computer seinen gefährlichsten Konkurrenten, der gestalterisch veranlagte und Phantasiebegabte seinen besten, weil routiniertesten Helfer" (van den Boom, H. 1987, S. 5).

Abschließend und zur Bekräftigung vorhergegangener Empfehlungen sei ein Praxismodell exemplarisch vorgestellt, das seine Praxistauglichkeit bereits erfolgreich unter Beweis stellen konnte:

Die 6. Klasse sitzt in der Runde um die Leinwand. Der Beamer projeziert das nachfolgende Bild von Karl Vollmer an die Wand, ein Bild, das für derart interdisziplinären ästhetisch-kunstnahen Unterricht gar nicht vorgesehen war.

Mit einem Laserpointer gleitet ein Schüler/eine Schülerin in langsamem Zeitmaß im Uhrzeigersinn den schwarz eingefügten Kreis entlang und die Mitschüler verklanglichen das Bild mit einem hellen Grundrauschen, das sie mit der Farbe Gelb assoziierten. Mit Forte-Einwürfen gestalten die Akteure ein quasi Klanggemälde, erzeugt mit traditionellen Instrumenten (Congas, Bongos, Becken, Trommeln, Rasseln etc.), aber auch mit elektronischen Klangerzeugern (Soundcomputer, Expander am Keyboard, etc.).

Abb. 7: Karl Vollmer: „Yellow Circle-Thing", 2002 Farblithographie 70 x 50 cm

Im Anschluss daran und nach mehreren Durchgängen werden die Ergebnisse diskutiert und bewertet, dann neue Bilder gemalt und über einen Visualizer an die Wand projiziert. Die Schüler üben dabei nicht nur differenziert zu gestalten und mit aufbauender Gestaltungserfahrung die Qualität zu verbessern, sondern auch ihre ästhetische Werturteilsfähigkeit zu verfeinern.

Im grau hinterlegten Feld rechts neben dem Vollmer-Bild ist ein Textmodell für chorisches Sprechen mit steigender und fallender Dynamik dokumentiert, welches die Schulklasse selbst entworfen hat. Begleitet werden kann diese rhythmische Rezitation mit ausdifferenziertem Klatschen auf 2 und 4 (off-beat) auf der Grundlage des stetigen Metrums eines Drum-Computers (z. B. Digital Drum Set: Yamaha DD-65).

Schülerinnen und Schüler gestalten somit eigenschöpferisch, erleben intensive Gestaltungs- und Variationserfahrungen, verfeinern ihr Urteil über ihre kunstnahen Artefakte und im Falle interessanter Ergebnisse, die dokumentiert und damit konserviert werden sollen, „komponieren" sie auch, sofern das geschaffene Neue zum genussreichen Wohlgefallen taugt oder als exemplarische Demonstration zum Aufbewahren sich lohnt.

Alle Projekte wurden immer und konsequent geplant, begleitet und kritisch reflektiert, mit der übergeordneten Intentionalität, ästhetisches Handeln sittlichen Zielen vorzuschalten, sprich durch gemeinsames ästhetisches Erleben im eigentlich zweckfreien Empfinden und Genießen soll die sensible Grundlage und Offenheit für moralisches Urteilen und Handeln eingeübt und sensu Gadamer "entfaltet" werden.

Dies jedoch bedeutet auf keinen Fall die Verzweckung der Ästhetik für die Moral, sondern stellt einen sinnvollen und vernünftigen Weg dar – der einzig mögliche und gangbare nach Friedrich Schiller (vgl. 23. Brief) – in der Wahrnehmung und Beurteilung des Schönen (und des Hässlichen), die Wahrnehmungsschulung und Urteilsfähigkeit auch für das Gute (und das Verwerfliche) zu üben.

„Weil es die Schönheit ist, durch welche man zur Freyheit wandert!" (Schiller, F. 2000, 2. Brief)

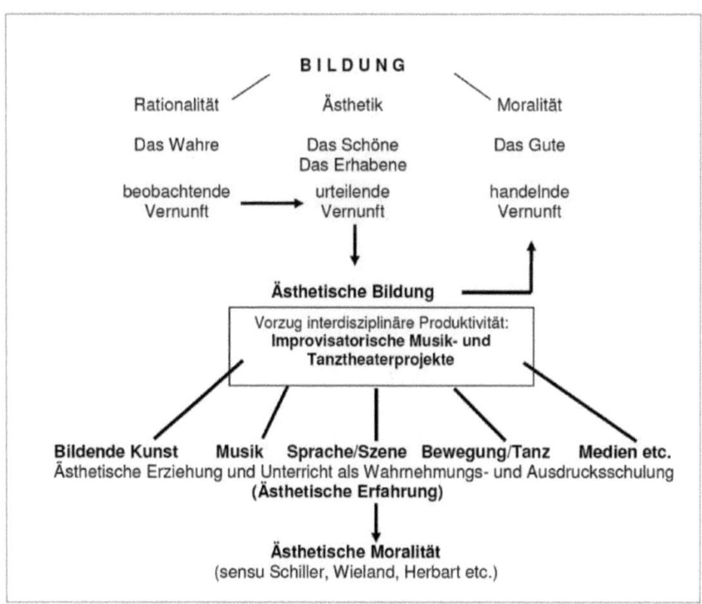

Abb. 8: Begriffstabelle zu Bildungstheorie (Beichel 2007)

Literaturverzeichnis

Adorno, T. W. (1982/6): Zur Musikpädagogik, In: Dissonanzen – Musik in der verwalteten Welt. Göttingen: Vandenhoeck & Ruprecht, 102ff.

Bachmann-Medick, D. (2007): Cultural Turns – Neuorientierung in den Kulturwissenschaften. Reinbeck: Rowohlt.

Beck, J. (1995): Über die Wiederversinnlichung von Bildung und Wissenschaft – Aussichten zu einer Ästhetik der Bildung. In: Mesner, E./ Wicke, R.: „Antiquiertheit des Menschen und Zukunft der Schule". Weinheim: Verl. DSV, 73ff. Beichel, J. (1992): Brückenschlag Primarstufe – Interdisziplinäre Modelle einer schularten übergreifenden Ästhetischen Erziehung (Diss. 1). Bruchsal: Verl. Majewski.

Beichel, J. (2000): Vernünftige Rede im Unterricht und deren Bezug zur Ästhetik – Rhetorische und ästhetische Theorie. In: BAK "Seminar" 4/2000, Baltmannsweiler: Schneider Verlag Hohengehren, 64ff.

Beichel, J. (2007): Ästhetische Mobilmachung – zur Praxis und Theorie der Musik- und Tanztheaterimprovisation in der Schule. Baltmannsweiler: Schneider Verlag Hohengehren.

Beichel, J. (2007a): Ästhetische Bildung als Fundament der Lehrerbildung – Plädoyer für eine Ästhetische Wende. In: Beichel, J./Fees, K.: „Bildung oder Outcome?" Herbolzheim: Centaurus Verlag.

Beichel, J. (2010): Ästhetische Bildung als Potentialentfaltung und Kulturerschließung im aufbauenden Unterricht und in nachhaltiger Erziehung auf kunstnahen Begegnungs- und Lernfeldern (Diss. 2). Baltmannsweiler: Schneider Verlag Hohengehren.

Beichel, J. (2012): Idee Gemeinschaftsschule, mit Beiträgen von Johannes und Grete Baumann, Norbert Brugger, Frank Dorn, Hans Happes, Norbert Jüdt, Margret Ruep, Werner Schnatterbeck. Baltmannsweiler: Schneider Verlag Hohengehren.

Beichel, J. (2012a): Sprache, Literatur und Theater in der Schule. Theater- und Spielpädagogik als Königswege zur Bildung, Sprachförderung und Persönlichkeitsentfaltung. Unveröffentlichter Aufsatz, KIT.

Bergson, H. (1946): Denken und schöpferisches Handeln. Meisenheim/Glan: Verl. Westkultur.

Boom van den, H. (1987): Digitale Ästhetik. Zu einer Bildungstheorie des Computers. Stuttgart: Metzler.

Breuer, I. (2001): Das 20. Jahrhundert – Projekt: Kultur und Geisteswissenschaften. Hamburg: Rotbuch.

Brüstle, C. (2009): Klang als performative Prägung von Räumlichkeiten. In: Csáky, M./Leitgeb, C.: „Kommunikation – Gedächtnis – Raum. Kulturwissenschaften nach dem »Spatial Turn«. Bielefeld: Transcript.

Dehn, W. (1974): Ästhetische Erfahrung und literarisches Lernen. Frankfurt: Athenäum-Fischer. Ditzig-Engelhardt, U. (2007): Musik und Bild – Von inneren und äußeren Bildern: Unterrichtsmodell. Paderborn: Schöningh.

Ehrenspeck, Y. (1998): Versprechungen des Ästhetischen – Die Entstehung eines modernen Bildungsprojekts. Opladen: Leske +Budrich.

Fischer-Lichte, E. (2004): Ästhetik des Performativen. Frankfurt a. M.: Ed. Suhrkamp.

Frisius, R. (1989): Fächerübergreifende Aspekte der Musiktheorie. In: Karlsruher Pädagogische Beiträge 19/1989. Karlsruhe: Pädagogische Hochschule.

Frisius, R. (1972): Musik-Sprache. In: MuB, Dez. 1972. Mainz: Schott Music GmbH.

Früchtl. J. (1996): Ästhetische Erfahrung und moralisches Urteil. Frankfurt a. M.: Suhrkamp.

Gadamer, H.-G. (1998): Die Aktualität des Schönen. Stuttgart Reclam.

Gadamer, H.-G. (1993): Ges. Werke 8: Ästhetik und Poetik I. Tübingen: UTB, J.C.B. Mohr.

Giannetti, C. (2004): Ästhetik des Digitalen. Wien Springer.

Gribble, D. (1991): Auf der Seite der Kinder. Weinheim Beltz.

Gruhn, W. (1978): Musiksprache – Sprachmusik – Textvertonung. Frankfurt: Diesterweg.

Guski, R. (2000/2): Wahrnehmung – Eine Einführung in die Psychologie der menschlichen Informationsaufnahme. Stuttgart: Kohlhammer.

Hellekamps, S. (1994): Ästhetische Rezeption und moralische Sensibilisierung – Zusammenhang und Differenz von Ästhetik und Ethik bei Rorty und Herbart. In: Koch et al.: „Pädagogik u. Ästhetik". Weinheim: DSV.

Herbart, J. F. (1965): Über die ästhetische Darstellung der Welt als das Hauptgeschäft der Erziehung (1804). Weinheim: Beltz.

Jacoby, H. (1980): Jenseits von „Begabt" und „Unbegabt". Hamburg: Christians.

Jacoby, H. (1984): Jenseits von „Musikalisch" und „Unmusikalisch". Die Befreiung der schöpferischen Kräfte dargestellt am Beispiel der Musik. Hamburg: Christians.

Jank, W./Meyer, H. (2002): Didaktische Modelle. Berlin: Cornelsen-Scriptor.

Jank, W. (2004): Musikdidaktik. Praxishandbuch für die Sekundarstufe I und II., Berlin: Cornelsen-Scriptor.

Jüdt, N. (2014): Bildung ist Ästhetisch, Baltsmannsweiler: Schneider Verlag Hohengehren.

Jourdain, R. (2001). Das wohltemperierte Gehirn – Wie Musik im Kopf entsteht und wirkt. Heidelberg Spektrum Akad.

Kaiser, H. J. (1996): Was tun wir eigentlich, wenn wir uns mit unbekannter Musik auseinandersetzen? In: Musikpädagogik, Heft 7. Mainz: Schott, 9.

Kaiser, H. J. (2006): Zum ideologischen Hintergrund der „Bildungsoffensive durch Neuorientierung des Musikunterrichts". In: Kaiser et al.: „Bildungsoffensive Musikunterricht?". Regensburg: ConBrio, 67.

Kant, I. (1999): Kritik der Urteilskraft. Köln: Parkland.

Koch, L./Marotzki, W./Peukert, H. (1994): Pädagogik und Ästhetik. Weinheim: DSV.

Küpper, J./Menke, C. (2003): Dimensionen ästhetischer Erfahrung. Frankfurt a. M.: Suhrkamp Tb.

Lenzen, D. (1990): Kunst und Pädagogik – Erziehungswissenschaft auf dem Weg zur Ästhetik. Darmstadt: WBG.

Lenzen, D. (1990): Von der Erziehungswissenschaft zur Erziehungsästhetik? In: Lenzen, D.: Kunst und Pädagogik. Darmstadt: WBG, S.171.

Maur von, K. (1999): Vom Klang der Bilder – Malerei und Musik im Dialog. München: Prestel. Pleines, J.-E. (1994): Ästhetische Bildung auf dem Standpunkt der Kritik. In: Koch, L./Marotzki, W./Peukert, H.: Pädagogik und Ästhetik. Frankfurt a. M.: Deutscher Studienverlag, S.22ff.

Raters, M.-L. (2001): Durch das Kunstwerk zum Gefühl für die Welt. In: Kleinmann et al.: Wozu Kunst. Darmstadt: WGB.

Rittelmeyer, C. (2010) Warum und Wozu ästhetische Bildung? Oberhausen: Athena.

Rorty, R. (2000): Die Schönheit, die Erhabenheit und die Gemeinschaft der Philosophen. Frankfurt a.M.: Suhrkamp.

Rorty, R. (2003): Der Roman als Mittel zur Erlösung. In: Küpper/Menke: Dimensionen ästhetischer Erfahrung. Frankfurt a. M.: Suhrkamp Tb, 49ff.

Rosenkranz, K. (1996): Ästhetik des Hässlichen. Leipzig: Reclam.

Rüdiger, W./Nimczik, O. (2004): Teamwork – Sprache, Bild, Bewegung, Szene: Neue Musik für Schülerensemble. In: MuB Spezial 5004. Mainz: Schott.

Safranski, R. (2005): Schiller als Philosoph. Berlin: WJS.

Schiller, F. (2000): Über die Ästhetische Erziehung des Menschen. Stuttgart: Reclam.

Seel, M. (1996): Ethisch-ästhetische Studien. Frankfurt: Suhrkamp.

Seel, M. (2007): Die Macht des Erscheinens. Frankfurt: Suhrkamp.

Selle, G. (1992): Das Ästhetische Projekt – Plädoyer für eine kunstnahe Praxis in Weiterbildung und Schule. Unna: LKD.

Staudte, A. (Sievert) (1991): Ästhetische Bildung oder Ästhetische Erziehung? In: Zacharias, W.: Schöne Aussichten? Ästhetische Bildung in einer technisch-medialen Welt. Essen: Klartext, 245ff.

Staudte, A. (Sievert) (2001): Ästhetische Bildung als Schlüsselqualifikation: Vortrag in der Universität Magdeburg, 8. März 2001.

Sloterdijk, P. (1987): Kopernikanische Mobilmachung und ptolemäische Abrüstung – Ein ästhetischer Versuch. Frankfurt: Suhrkamp.

Vattimo, G. (2002): Kurze Geschichte der Philosophie im 20. Jhdt., Freiburg: Herder.

Velthaus, G. (2002): Bildung als ästhetische Erziehung. Bad Heilbrunn: Klinkhardt.

Welsch, W. (1991): Anästhetik – Fokus einer erweiterten Ästhetik. In:

Zacharias, W.: Schöne Aussichten? Ästhetische Bildung in einer technisch-medialen Welt. Essen: Klartext, 79ff.

Welsch, W. (1998): Ästhetisches Denken. Stuttgart: Reclam.

Zacharias, W. (1991): Schöne Aussichten? Ästhetische Bildung in einer technisch-medialen Welt. Essen: Klartext.

Abbildungsverzeichnis

Abb. 1: Improvisatorisches Musik- und Tanztheater © 2015 Johann J. Beichel

Abb. 2: Mögliche kunstsparten übergreifende Projekte © Johann J. Beichel

Abb. 3: Wege zur ästhetischen Erfahrung und Schärfung der Sinne © Johann J. Beichel

Abb. 4: Schüler des Humboldt-Gymnasiums bei der Umsetzung Schillers "Die Räuber" als Bänkelsang © 2007 Johann J. Beichel

Abb. 5: SPC Music Sketchpad © Mikrosonic http://www.mikrosonic. com/spc (03.06.2016)

Abb. 6: The RD4 – Groovebox © Mikrosonic http://www.mikrosonic. com/rd4 (03.06.2016)"

Abb. 7: Karl Vollmer: „Yellow Circle-Thing" © 2002 Karl Vollmer

Abb. 8: Begriffstabelle zur Bildungstheorie © 2007 Johann J. Beichel

Michael Brater, Anne von Hoyningen-Huene
Was Akteure der beruflichen Bildung von der Kunst lernen können

Abstract

Die berufliche Bildung muss auf eine Arbeitswelt vorbereiten, die immer weniger berechenbar wird und von den Arbeitenden immer stärker verlangt, offene, unbestimmte Prozesse zu bewältigen. Exemplarisch gilt das für die Gestaltung der Berufsbiografie. Es ist jedoch fraglich, wie die Berufsbildung auf die postmoderne Offenheit arbeitsweltlicher Prozesse vorbereiten kann. Aufgrund der Strukturähnlichkeit von künstlerischen und Prozessen der postmodernen Arbeitswelt wird die These vertreten und entfaltet, dass die Akteure der Berufsbildung von der Kunst bzw. vom und durch das künstlerische Handeln lernen können, wie man in solchen offenen Prozessen vorgehen und zu Ergebnissen kommen kann. Zugleich liegt hier ein Schlüssel zu Kreativität und Innovation im beruflichen Handeln.

1. Berufliche Handlungsfähigkeit

Die Berufsausbildung hat die für die Ausübung einer qualifizierten beruflichen Tätigkeit in einer sich wandelnden Arbeitswelt notwendigen beruflichen Fertigkeiten, Kenntnisse und Fähigkeiten (berufliche Handlungsfähigkeit) in einem geordneten Ausbildungsgang zu vermitteln (§1, Abs. 3 BBiG).

Das Berufsbildungsgesetz benennt als Ziel der beruflichen Bildung, berufliche Handlungsfähigkeit zu entwickeln bzw. zu erhalten, und zwar ausdrücklich: Berufliche Handlungsfähigkeit „in einer sich wandelnden Arbeitswelt". Es setzt dabei nicht („subjektorientiert") bei den vorhandenen Fähigkeiten der Lernenden an, die es zu entwickeln gilt, sondern bei den objektiven Anforderungen der Arbeitswelt an die Fertigkeiten, Kenntnisse und Fähigkeiten, die „zu vermitteln" sind. Abgesehen davon, dass diese Formulierungen kaum mit den Einsichten moderner (z. B. systemischer) Lerntheorien in Übereinstimmung zu bringen sind (s. z. B. Arnold 2012), liefert hier also die Arbeitswelt die Maßstäbe für die Berufsbildung, und diese wird im Gesetz nicht als eindeutige, sondern als „sich wandelnde" (also komplexe) Größe beschrieben. Das heißt aber: Die Berufsbildung soll sich an Zielen orientieren, die man in der Gegenwart gar nicht genau bestimmen kann, weil sie sich verändern – und mit großer Wahrscheinlichkeit schon am Ende der Ausbildung ganz andere sein werden als zu deren Beginn. Wie vermittelt man aber etwas, das man noch gar nicht kennt bzw. von dem man weiß, dass es am Ende des Vermittlungsprozesses nicht mehr so sein wird wie zu Beginn?

Berufspädagogen haben aus diesem Dilemma drei wichtige Schlüsse gezogen:

- Erstens haben sie erkannt, dass unter diesen Bedingungen „berufliche Handlungsfähigkeit" sich im Kern gar nicht auf bestimmte Fertigkeiten, Kenntnisse und Fähigkeiten beziehen kann, sondern eben auf deren Wandel: Die Teilnehmenden an der Berufsbildung müssen lernen, in einer sich wandelnden Arbeitswelt zurechtzukommen, indem sie nicht (nur) hier und heute benötigte Fertigkeiten, Kenntnisse usw. erwerben, sondern zugleich – gewissermaßen auf einer „Metaebene" – die Fähigkeit benötigen, diese Fertigkeiten usw. jederzeit in eine heute noch unbekannte, unbestimmte, offene Richtung zu verändern, umzubauen bzw. zu aktualisieren, um „beschäftigungsfähig" zu bleiben.

- Zweitens stecken darin gleich mehrere Revolutionen des klassischen Verständnisses von Berufsbildung: Es genügt nicht, im herkömmlichen Sinn (konkrete, bestimmbare) „Fertigkeiten, Kenntnisse und Fähigkeiten" zu „vermitteln", sondern es muss die „Metafähigkeit" dazukommen, über diese Fertigkeiten usw. zu verfügen, sie also selbst anzupassen bzw. weiterzuentwickeln unter Bedingungen der Unsicherheit und Unvorhersehbarkeit: Dies hat die Berufspädagogik – in Übereinstimmung mit anderen pädagogischen Aufgabenfeldern – mit dem Begriff der „Kompetenz" als übergeordnetem Lernziel vollzogen, wobei z. B. Erpenbeck unter „Kompetenzen" „Dispositionen für selbstorganisiertes Handeln" versteht (vgl. Erpenbeck/v. Rosenstiel 2007).

- Drittens: Wenn man aber schon so weit geht, dann muss man konsequenterweise noch zwei weitere Denkschritte anschließen: Der Kompetenzbegriff bricht mit dem für die Berufsbildung traditionellen „Abbildungsverhältnis" von Anforderungen der Arbeitswelt und Lerninhalten, denn Kompetenzen sind ja keine materialen Beherrschungsleistungen in Bezug auf gegebene Tätigkeiten (wie etwa Feilen oder Buchführung), sondern subjektgebundene Konstrukte, die man gar nicht direkt erfassen kann, sondern die nur aus der „Performanz" (realen Handlungen) erschlossen werden können. M.a.W.: Auf Kompetenzen zielende Berufsbildung orientiert sich gar nicht an bestimmten Anforderungen der Arbeitswelt, sondern an einem „Bildungsziel" personaler Verfügung über die eigene Entwicklung. Und dies wiederum bedeutet: Berufsbildung kann sich nicht (mehr) auf das Eintrainieren von gegebenen, der Arbeitswelt direkt entnommenen Tätigkeiten bzw. Problemlösungen beschränken, sondern sie muss eigene, pädagogische, in den unmittelbaren Arbeitsanforderungen nicht enthaltenen Bildungsziele verfolgen und dafür geeignete Lernsituationen finden (die nicht mehr nur in der einfachen Simulation realer Tätigkeiten bestehen können). Anders gesagt:

Die Berufsbildung muss eine eigenständige pädagogische Disziplin werden, die nicht einfach Anforderungen der Arbeitswelt „abbildet", sondern „subjektorientiert" an der persönlichen Entwicklung ansetzt und dazu ihre Lernanlässe und -inhalte durch pädagogisch begründete Lernangebote erweitert und ergänzt. Denn sie muss jetzt eben „Kompetenzen" bilden, die sich nicht darin erschöpfen, aktuelle Arbeitstätigkeiten bzw. -aufgaben („Berufsbildpositionen") zu beherrschen, sondern einen Bildungsanspruch mit sich führen (s. Arnold/Erpenbeck 2014).

Das heißt: Unter Bedingungen des beschleunigten Wandels besteht berufliche Handlungsfähigkeit nicht nur darin, die Fertigkeiten, Kenntnisse und Fähigkeiten zu beherrschen, die nötig sind, um die Tätigkeiten eines Berufes auszuüben, sondern sie wird Bildung der Person: Sie schließt Person-gebundene Kompetenzen ein, die auf der Ebene der beruflichen Tätigkeiten gar keine Entsprechung haben, also auch nicht mit dem Eintrainieren solcher Tätigkeiten erlernt werden können, sondern in eigenständigen, rein pädagogisch motivierten Lernumgebungen erlernt werden müssen, bei denen im Sinne formaler Pädagogik persönliche Fähigkeiten an Gegenständen gebildet werden, die mit der Arbeitswelt und ihren Tätigkeiten nichts zu tun haben; deshalb müssen die so gebildeten Fähigkeiten später in die Arbeitswelt und ihre Anforderungen transferiert werden. Damit erst wird die Berufsbildung zu einer eigenständigen pädagogischen Disziplin mit eigenen Bildungsaufgaben, eigener Didaktik und eigenen fähigkeitsbildenden pädagogischen Inhalten, die sich in den herkömmlichen Inhalten der beruflichen Bildung gar nicht finden, sondern berufspädagogische „Fremdkörper" darstellen.

Ein solcher Fremdkörper von gleichwohl hoher berufspädagogischer Relevanz sind kunstpraktische Übungen in der Berufsbildung.

2. Berufsbiografische Gestaltungskompetenz

Auf ein Handeln in einer stetig sich wandelnden Arbeitswelt vorzubereiten bedeutet, auf ein Handeln unter offenen, unbekannten, unbestimmten und unplanbaren Bedingungen vorzubereiten, denn niemand kann heute sagen, wie die Arbeitswelt in fünf oder zehn Jahren aussehen wird, und selbst wenn man das könnte, wäre das ja immer nur ein kurzer Zwischenstand. Und das gilt umso mehr, je mehr es um die individuelle berufliche Handlungsfähigkeit geht: Niemand kann wissen, was dem Einzelnen in seiner beruflichen Zukunft begegnen wird, mit welchen Innovationen, welchen Berufsverlusten, Umschulungsnotwendigkeiten, Phasen der Arbeitslosigkeit, Neuanfängen usw. er in seiner Berufsbiografie zurechtkommen muss. Nur: Dass all diesen Ereignissen eine gewisse Wahrscheinlichkeit zukommt und dass er mit der Ungewissheit, der Komplexität und mit Kontingenzen und Risiken in vielen Arbeitssituationen ebenso wie in seinem ganzen Berufslebens rechnen und persönlich damit umgehen können muss, ist gewiss.

In der „postmodernen" Gegenwart der „Reflexiven Modernisierung" (Beck/Giddens/Lash 1996) laufen biografische Entwicklungen, erst Recht berufsbiografische Entwicklungen nicht mehr auf ein vorher absehbares, erwartbares Ergebnis hinaus, sondern wie sich die Welt entwickeln, was dem Einzelnen begegnen, wo er am Ende ankommen und was er dann geworden sein wird, ist grundsätzlich offen! Der Wandel der Arbeitswelt und die Entwicklung des Berufslebens sind strukturell offene Prozesse (ohne vorgegebenes Ziel oder Ergebnis). Zur beruflichen Handlungsfähigkeit unter solchen Bedingungen gehört es dann offenbar, auf die Ungewissheit gefasst zu sein, zu wissen, dass man keinen „Lebensberuf" erlernt hat und dass und wie man ständig weiterlernen, sich ständig in neuen Situationen zurechtfinden und allenfalls „unter Vorbehalt" planen kann. Wer beruflich handlungsfähig ist, sollte gelernt haben, all die unvorhersehbaren Ereignisse dann, wenn sie eintreten, zu akzeptieren, sich mit ihnen auseinanderzusetzen und zu versuchen, etwas aus ihnen zu machen.

Hinzu kommt: Will der Einzelne sich nicht einfach den äußeren Zufällen und Widrigkeiten aussetzen und zu deren Spielball werden, will er nicht einfach nur „Kartoffel" sein, sondern wenigstens in Teilbereichen „Koch" seines (Berufs-)Lebens bleiben, dann braucht er noch etwas anderes: Dann muss er nämlich diesen offenen Prozess seiner Berufsbiografie als individuelle Gestaltungsaufgabe begreifen, die darin besteht, all diese äußeren Ereignisse, die ihn beuteln, nicht einfach hinzunehmen, sondern er muss versuchen, mit ihnen umzugehen, sie zu verarbeiten, ihnen etwas eigenes abzugewinnen, sie in den Zusammenhang seines Lebens einzubauen und aus der Kette solcher unvorhergesehenen Ereignisse sein (individuelles, unverwechselbares, einmaliges) Leben zu formen. Dazu braucht er berufsbiografische Gestaltungsfähigkeit (Munz 2005); d.h. die Kraft und das Geschick, die Veränderungen und Ereignisse seines Lebens nicht nur zu erleiden, sondern in ihnen den Stoff zu erkennen und zu nutzen, aus denen er selbst seine Biografie aufbauen und ihr seine unverwechselbare Handschrift, ihren roten Faden, ihren inneren Zusammenhang, ihren Sinn geben muss.

Beruflich handlungsfähig zu sein heißt unter Bedingungen des Wandels also im Hinblick auf die eigene Berufsbiografie und ihre Offenheit und Unbestimmtheit: in offenen, unbestimmten Situationen handlungsfähig zu sein – und das beinhaltet vor allem: berufsbiografisch gestaltungsfähig zu sein.

Claudia Munz hat in ihrem Buch Berufsbiografie selbst gestalten (2005) einige Merkmale und Bestandteile dieser „berufsbiografischen Gestaltungskompetenz" benannt. Sie unterscheidet vier zentrale Dimensionen, nämlich: Neues lernend verarbeiten können, Lebensgeschichte als Prozess verstehen, die eigenen Fähigkeiten und Stärken erkennen und sich mit dem gesellschaftlichen Bedarf auseinanderzusetzen („Selbstmarketing") (ebd. S. 15). In etwas anderer Akzentuierung könnte man auch sagen: Es geht bei dieser berufsbiografischen Gestaltungskompetenz darum, das eigene Leben als gestaltbar und als Gestaltungsaufgabe zu begreifen und tatsächlich „selbstorganisiert" mitzugestalten; Krisen bzw. äußere, oft widrige Ereignisse als Chancen zu erkennen; zu wissen, worin man wirklich gut sein bzw. werden kann; dem eigenen Leben selbst seinen Sinn zu geben (s.a. Brater 1998).

Die Aus- und Weiterbildenden haben die Aufgabe, die Teilnehmenden an der Berufsbildung dabei zu unterstützen und zu begleiten, diese für die Gestaltung des Berufslebens relevanten Kompetenzen, Haltungen und Bereitschaften zur „Reifung" (R. Arnold) zu bringen, die erkennbar weit über die üblicherweise in der beruflichen Bildung zu „vermittelnden" „Fertigkeiten, Kenntnisse und Fähigkeiten" hinausreichen. Klar ist auch, dass solche persönlichen Kompetenzen kaum als „Lernziele" vermittelt, beigebracht oder unterwiesen werden können, und dass es, um sie zu entwickeln, kaum ausreichen dürfte, eifrig Fachkompetenz zu trainieren (obwohl man natürlich auch fachlich etwas können muss, wenn man seine Berufsbiografie gestalten will). Berufsbiografische Gestaltungsfähigkeit kann, so darf vermutet werden, überhaupt nicht direkt „gelehrt" werden. Aber sie kann als Ergebnis eines Handlungsprozesses entstehen, in dem persönlich (informell) gelernt wird, was nachträglich als berufsbiografische Gestaltungskompetenz erscheint (als „learning outcome"). Denn Lernen ist ja bekanntlich nicht das Resultat eines Inputs von Lehrenden, sondern das Resultat der Verarbeitung und Aneignung von Erfahrungen durch die Lernenden (s. Brater 2015, Bauer et al. 2007).

Wie könnte also ein solches Erfahrungsfeld aussehen, das geeignet ist, berufsbiografische Gestaltungskompetenz als Lernergebnis zu ermöglichen?

3. Künstlerische Praxis als Erfahrungs- und Lernfeld: Die These

Im Folgenden möchten wir darstellen und begründen, dass die Kunst, genauer die künstlerische Praxis ein solches Erfahrungs- und Lernfeld u.a. für berufsbiografische Gestaltungskompetenz darstellt. Unsere zentrale These lautet: Wie man berufsbiografische Gestaltungskompetenz entwickeln kann, was genau das ist und wie man diese Entwicklung fördern und unterstützen kann, können die Akteure der beruflichen Bildung – Ausbildende wie Auszubildende – von Künstler_innen lernen, wenn diese „Kunst machen", und ebenso können sie es selbst lernen durch eigene künstlerisch-praktische Erfahrung.

Eigene künstlerische Praxis fordert und fördert Fähigkeiten, Haltungen und Bereitschaften vom künstlerisch Tätigen, die für die Entwicklung von berufsbiografischer Gestaltungskompetenz – und allgemeiner für die Bewältigung und Gestaltung offener, unplanbarer, beruflicher Situationen überhaupt – konstitutiv sind. Künstlerische Praxis ist daher ein Erfahrungs- und Lernfeld für das Handeln unter Unsicherheit allgemein und speziell für berufsbiografische Gestaltungskompetenz.

Diese These beruht auf folgender Argumentation:

- Der künstlerische Prozess ist ein offener Prozess und hat strukturelle Ähnlichkeit mit postmodernen Arbeits- bzw. berufsbiografischen Prozessen.

- Kompetenzen lernt man, indem man in Situationen handelt, in denen sie gebraucht werden.

- Kunst und eigene künstlerische Praxis können daher ein Lernfeld sein für die Ausbildung der Kompetenzen zum Handeln in offenen Situationen.

- Ein solches „gesondertes" Lernfeld (neben der realen Arbeit) ist dann für die Berufsbildung relevant, wenn – wie im Falle der Berufsbiografie – Kompetenzen nicht in genau der Handlungssituation gebildet werden können, in der sie letztlich benötigt werden.

- Das gilt unter der Voraussetzung, dass Erfahrungen und Fähigkeiten, die in künstlerischen Prozessen erworben werden, auf beruflich-biografische Situationen transferiert (übertragen) werden können.

Den ersten Satz dieser Argumentation – der künstlerische Prozess hat strukturelle Ähnlichkeit mit dem biografischen Prozess – werden wir im Folgenden mit einer empirischen Analyse des künstlerischen Handelns belegen. Der zweite Satz entspricht dem Stand der modernen Lernforschung zum Erwerb von Kompetenzen. Der dritte Satz ergibt sich logisch, der vierte führt eine weitere Rahmenbedingung ein und der fünfte könnte unabhängig von der theoretischen Argumentation empirisch überprüft werden (was jedoch bisher nur im Rahmen eher begrenzter Studien geschehen ist).

4. Der künstlerische Prozess als offener Prozess und seine strukturelle Ähnlichkeit mit biografischen Prozessen

Wir wollen nun die grundsätzliche strukturelle Ähnlichkeit von künstlerischen und biografischen Prozessen herausarbeiten und stützen uns dabei auf die Ergebnisse einer explorativen, empirischen Untersuchung, bei der analysiert wurde, wie Künstler_innen vorgehen, wenn sie „Kunst machen" (vgl. Brater et al. 2011).

4.1 Anlage und Vorgehen der Untersuchung

Analysiert wurden nicht die künstlerischen Ergebnisse (die „Kunstwerke"), sondern, ungewöhnlich genug, die künstlerischen Handlungsprozesse (die zu Kunstwerken führen). Kunstschaffen wurde damit einer empirisch-soziologischen Handlungsanalyse unterzogen: Es ging nicht um die speziellen Ansätze und Intentionen dieser oder jener Künstler_in und schon gar nicht um eine Würdigung der künstlerischen Ergebnisse (Werke), sondern es ging um die Frage, ob und wenn ja welche allgemeinen Muster, welche identifizierbaren Strukturen dem Handeln von Künstler_innen durchgängig und unabhängig von ihren individuellen Arbeitsweisen – und quer zu den Kunstgattungen – zugrunde liegen.

Die Aussagen beruhen auf folgender z.T. empirischer Basis:

- 12 qualitative Interviews mit meist namhaften zeitgenössischen Künstler_innen
- Literaturauswertungen von Selbstaussagen von Künstler_innen über ihr Vorgehen
- Systematische Beobachtungen und Befragungen von Kindern, Jugendlichen und Erwachsenen im Rahmen der Evaluationen von sieben mehrjährigen Projekten mit unterschiedlichen künstlerischen Medien und diversen Zielgruppen
- Auswertungen planmäßiger kunstpraktischer Seminare im Rahmen des BWL-Studiums an der Alanus-Hochschule
- Eigene künstlerische Erfahrungen

Die Auswertung folgt grob dem zeitlichen Ablauf und beschränkt sich darauf, wichtige Ergebnisse wiederzugeben.

4.2 Der Anfang: Ein offener Beginn, dessen Ende unbekannt ist.

Zu Beginn eines künstlerischen Prozesses gibt es immer einen Rahmen, in welchem man sich bewegt. Es gibt beispielsweise ein Motiv oder ein Thema, mit dem die Künstler_innen sich beschäftigen möchten, oder es findet eine Entscheidung für ein künstlerisches Material (Farbe, Bewegung, Sprache,…) statt, oder die Künstler_innen möchten einfach etwas ausprobieren, was sie bisher noch nicht gemacht haben.

Aber – und dies geschieht durchaus bewusst – Künstler_innen legen im Vorfeld nicht fest, wie ihr Ergebnis am Ende aussehen wird. Wenn Künstler_innen mit ihrer Arbeit anfangen, haben sie zwar Interessen, Fragen oder Motive, die ihnen eine Richtung geben, aber keine Vorstellung von dem, was sich am Ende genau ergeben soll bzw. wie das Ergebnis aussehen wird. Das wird nicht zuletzt überdeutlich, wenn man einmal das Glück hat, eine Fotoserie der Entstehung eines Bildes, einer Skulptur usw. zu sehen: Das erste Bild hat mit dem endgültigen, dem fertigen Bild nichts gemein, da gibt es nur noch einen sehr geringen, marginalen Zusammenhang (wenn überhaupt). Künstler beginnen also nicht mit einer „technischen Zeichnung" vom Endprodukt im Kopf sondern mit einer zu entwickelnden Ausgangssituation, aus der sie „etwas machen".

Sie suchen nicht, sie finden (Picasso; s. Gohr 2006).

Der künstlerische Prozess entfaltet sich aus einer offenen, ungewissen Situation: Die Künstler_innen begeben sich ohne klare Zielvorstellung, also absichtslos in diese Grundsituation und arbeiten sich erst im Verlauf des ganzen Prozesses hin zu dem, was ihr Werk sein wird.

„Das heißt im Klartext, dass kein Werk ausgedacht und einfach verwirklicht wird. Als Laie könnte man ja glauben, dass man dem Künstler etwas Schönes zeigen kann und der schafft es, dieses Schöne auf die Leinwand zu bannen, und je mehr dabei am Anfang ausgedacht wird, nach dem Prinzip ‚oh ist das schön, so malerisch' oder so… Das macht niemand. Das mache ich vor allem gar nicht" (Reichel, A., Maler; eigenes Interview).

Manche brechen sogar ab, wenn sie diese Unbefangenheit subjektiv einmal nicht herstellen können. Einer nannte dieses bewusste Bemühen um Unbefangenheit „Vorstellungsknackung", und andere erzählten, wie sie diese Offenheit und Absichtslosigkeit gezielt dadurch herzustellen versuchen, dass sie eher mechanisch und intentionslos eine „Grundsituation" schaffen, z. B. durch eine völlig zufällige Grundierung der Leinwand.

„Ich... möchte am Ende ein Bild erhalten, das ich gar nicht geplant hatte... ich möchte ja gern etwas Interessanteres erhalten als das, was ich mir ausdenken kann" (Richter 2009).

„Die Absicht wäre etwas Bestimmtes, im Wege Stehendes. Ich habe aber etwas Unbestimmtes als Anfang, das ich erst während der Arbeit bestimmen möchte, etwas Geheimnisvolles, das ich zu verdeutlichen mich bemühe, damit es, wenn es da ist, mich überrascht" (Lassnig 1985).

Das künstlerische Werk entsteht nicht „am Reißbrett", nach Vorgaben oder nach einem Plan, welcher dann wie bei einer Arbeit anhand eines Modells nur noch umgesetzt werden müsste, sondern es wird schrittweise im Tun selbst entwickelt. Das ist der Unterschied zwischen einer zweckrationalen Arbeitssituation und einer offenen künstlerischen Gestaltungssituation.

Dabei heißt Offenheit des Zieles bzw. des Ergebnisses natürlich nicht Freiheit von Abhängigkeiten und Einschränkungen oder grenzenlose Freiheit: Mit Farbe wird man nur schwerlich dreidimensionale Werke, mit Stein nicht ohne weiteres geschichtete Farbflächen herstellen können.

Insofern gleicht die künstlerische Ausgangssituation dem Anfang der Berufsbiografie: Man hat sich zwar für einen bestimmten Rahmen entschieden – vage Ideen oder Impulse, einen Bildungsweg, eine Ausbildung –, weiß aber nicht, was auf lange Sicht genau dabei herauskommen wird. Es fehlen klare Vorgaben, Sicherheiten, Gewissheiten, und man kann sich auf diese Reise ins Unbekannte nur einlassen. Es gibt viele Möglichkeiten, die Offenheit zu beschränken oder gar aufzuheben, z. B. die, sich willentlich Ziele zu setzen und genau zu planen, wie man sie erreichen will. Das kann man tun, aber mit großer Wahrscheinlichkeit wird es ganz anders kommen. Die andere Möglichkeit ist, in den Tag hineinzuleben, weil man ja „sowieso nichts planen" kann, und sich den Wechselfällen des Lebens einfach zu überlassen. Von Künstler_innen lernen lässt sich jedoch, dass es tatsächlich einen dritten Weg gibt: Die Offenheit aushalten und wertschätzen, weil sie Neues ermöglicht im gewählten Rahmen – und auf der anderen Seite weder resignieren noch sich treiben lassen, sondern den offenen Raum als Chance und Aufforderung verstehen, ihn aktiv gestalten zu wollen.

Man wird die Möglichkeiten, die der Rahmen bietet, zu verfolgen versuchen – wohl wissend, dass man nicht alles selbst in der Hand hat und in Abhängigkeiten steht. Von Künstler_innen lernen kann man allerdings, die Offenheit und Unbestimmtheit der Biografie nicht nur verunsichernd, ängstigend, als Hilflosigkeit zu erleben, sondern grundsätzlich zu begreifen, dass diese Offenheit die grundlegende Voraussetzung für jeden Gestaltungsprozess ist sowie dafür, etwas Neues, Eigenes, Individuelles zu realisieren, das nicht nur bekannten Vorgaben und Mustern folgt. Gestalter der eigenen Situation zu sein, bedeutet auch, sich in (durchaus risikoreichen) Situationen zurechtzufinden, die nicht „im Lehrbuch stehen" und in denen man intuitiv und situativ, selbstverantwortlich und selbstorganisiert handeln kann, aber auch handeln muss.

4.3 Orientierung im „offenen Raum": Unbefangen beginnen, Handeln unter Ungewissheit

Um sich in solche nicht vorgeplanten Prozesse hineinzubegeben, braucht man Mut, da die Entscheidungsparameter sich erst während des Tuns, nicht bereits im Vorfeld entwickeln.

Der künstlerische Prozess ist ein Weg ins Unbekannte, Unvorhersehbare, Ungewisse, ins Abenteuer mit offenem Ausgang – aber gerade das fasziniert, begeistert, weckt die Spannung des Entdeckens. Alles kann werden, alles ist möglich.

Die Künstler_innen zeigen, wie man mit der Offenheit und Unbestimmtheit der Situation umgehen, wie man sie aushalten und zugleich aktiv werden kann: Um sich in diesem sehr offenen, weiten und komplexen „Möglichkeitsraum" zu orientieren, wird nicht geplant oder theoretisch überlegt, sondern es wird einfach angefangen, mit dem Material zu arbeiten – die Situation wird durch Tätigkeit, durch Handlung erkundet und bestimmt. Damit geschieht „etwas", es wird eine erste Handlung gesetzt. Diese Setzung reduziert die Komplexität der offenen Situation – und zwar weiterhin ohne Absicht oder Plan, aus einem spontanen Impuls oder einer experimentellen Neugier (was kommt eigentlich heraus, wenn ich jetzt dieses oder jenes mache?) heraus, nicht aus Zielvorstellungen. Und genau dadurch ergibt sich „etwas", eine neue Situation, eine Veränderung, die das ganze Feld verändert und die unendliche Fülle der Möglichkeiten, die den Anfang auszeichnen, einschränkt. Denn die Veränderung besteht ja nicht nur in dem, was so gesetzt wurde, sondern mit diesem ändert sich das gesamte Feld. Z. B. können jetzt Spannungen auftreten, Ungleichgewichte, erlebbar als starker Drang, einen Ausgleich zu schaffen. Es handelt sich um die systemtheoretische ebenso wie gestaltpsychologische Grunderfahrung, dass mit einer solchen Setzung sich Figur und Grund, System und Umwelt differenzieren und in Interaktion miteinander treten.

Diese Wirkungen der ersten möglicherweise zufälligen, ziellosen Handlung können und müssen wahrgenommen und betrachtet werden. Das Ergebnis der Betrachtung zieht weitere Handlungen nach sich: Ein Prozess beginnt, die Beliebigkeit des Handelns im offenen Raum nimmt mit jeder neuen Handlung ab, die Möglichkeiten werden eingeschränkter, verdichten sich. Die Folgehandlungen werden immer folgerichtiger, bedingter, „notwendiger".

Das kann man ganz leicht in einem kleinen Experiment selbst überprüfen: Man nehme ein weißes Blatt Papier (z. B. DIN A 4) und setze irgendwo auf dieses Blatt (ohne lange nachzudenken) einen etwa 4 cm langen senkrechten Strich. Dann betrachte man dieses „Bild" eine Zeitlang und versuche herauszufinden, wo auf diesem Blatt ein zweiter gleich langer senkrechter Strich gesetzt werden soll. Dann betrachte man das Ganze wieder genau: Was hat sich verändert? Was ist jetzt auf diesem Blatt los? Und schließlich: Wohin gehört nun der nächste, der dritte Strich? Und dann der vierte und fünfte und so weiter, bis man vielleicht zwanzig möglichst gleich große senkrechte Striche auf das Blatt verteilt hat. Einige Sensibilität vorausgesetzt, wird man bemerken können, wie jeder neue Strich immer das ganze Bild verändert, und wie die Notwendigkeit zunimmt, den nächsten Strich an eine bestimmte

Stelle zu setzen und wie man die Verhältnisse der Striche auf dem Blatt mit jedem neuen Strich immer bewusster verändern, beeinflussen – gestalten kann – bei abnehmenden Freiheitsgraden und zunehmender Notwendigkeit. Ein Schritt bedingt den nächsten, und am Ende kommt ein Bild heraus, das sich am Anfang niemand vorgestellt, das niemand so geplant hat und das dennoch nicht einfach ein Zufallsprodukt ist!

Diese Erfahrung ist in der Arbeit von Künstler_innen sehr wichtig: Man arbeitet sich in seinem künstlerischen Medium in einen „unbekannten Raum" hinein, obwohl man nicht weiß – und zu Beginn auch nicht wissen möchte – was am Schluss dabei herauskommen wird. Man kann handeln, auch ohne das Ziel zu kennen; man muss nicht immer alles im Kopf vorweggenommen und bedacht haben, um tätig zu werden und Wirkungen zu erzeugen. Vielmehr gehen die Schritte auseinander hervor! Man kann erfahren und erkennen, wie die Situation durch jede Handlung verändert wird und welches Potential die eigene Handlung besitzt – unter der Voraussetzung, dass man nicht in blinden Aktionismus verfällt, sondern nach der „blinden" Handlung innehält und betrachtet, was sich durch die Handlung zeigt und was sie über die Situation und sich selbst offenbart. Die Unbestimmtheit des Anfangs geht mehr und mehr in „Führung" über, aus dem offenen wird ein immer mehr „gerichteter", immer strukturierterer Prozess. Dieser entwickelt sich somit nicht auf ein Ziel hin, sondern „aus sich selbst", aus seinen eigenen Verhältnissen und Bedingungen heraus. Er entfaltet sich „autopoietisch".

Ein solches Handeln ist ein exploratives, ein forschendes Handeln, das Erkenntnis generiert und geeignet ist, die Fremdheit und Ungewissheit der offenen Situation aus dem Prozess heraus immer weiter einzuschränken (während jedes intentionale, an einem Ziel orientierte Handeln immer nur Erkenntnisse darüber zu Tage fördert, ob und wie sich die Situation zu den Intentionen verhält).

Auf die Biografie übertragen könnte das heißen: Am Anfang gleicht die biografische Situation durchaus diesem „offenen Möglichkeitsraum" beim künstlerischen Tun, und es hat wenig Sinn, auf den perfekten Lebensplan zu warten oder sich biografische Ziele zu stecken: Das Leben ist kein Konstruktionsprozess, denn auch das Leben hat kein klares Ziel (nur ein Ende). Es geht auch hier darum, irgendwo einfach anzufangen, zu verfolgen, was das bewirkt und was sich daraus ergibt, und so den nächsten Schritt anzufügen. Auf diese Weise kann man allmählich, mit ebenfalls wachsender Notwendigkeit immer mehr die Richtung entdecken, die dieses Leben nimmt. Vielleicht möchte man gegensteuern, aber auch dazu muss man mit den sich nach jedem Schritt neu ergebenden Möglichkeiten leben. Auf dieser Grundlage – nicht aufgrund von Zielsetzungen – kann man sein Leben gestalten.

4.4 Wahrnehmungsgeleitetes Handeln, Wechsel von Tun und Wahrnehmen

Künstler antworten auf die Offenheit des Anfangs nicht mit einem Plan oder langen theoretischen Überlegungen (denn die Zukunft ist nun einmal unbekannt). Sondern sie fangen einfach an (denn nur so werden sie die Zukunft kennenlernen). Der Weg der Künstler_innen ist es, gleich ans Material zu gehen. Sie erkunden die Situation durch Tätigkeit.

Mit dem Handeln verbunden ist ein – u.U. langes – intensives, wiederkehrendes Betrachten, ein aktives Wahrnehmen. Jede neue Handlung orientiert sich an dem, was als Wirkung der vorangegangenen Handlung und als durch sie eröffnete neue Möglichkeit wahrgenommen werden kann – und damit an etwas, das nicht dem eigenen Kopf, der Willkür der Künstler_in entstammt. Sondern die Orientierung kommt aus der Sache, vom Gegenüber, dem werdenden Werk. Die künstlerische Arbeit besteht in dem Versuch, die „Sprache" des Materials wahrzunehmen – also das zu sehen, was sich formen, entwickeln „möchte", worauf das Ganze hinauslaufen kann, welche neuen Möglichkeiten sich mit jedem Schritt auftun, was sich aufdrängt, nahelegt, welcher nächste Schritt verlangt wird, konsequent ist, eben folgerichtig nicht in einem theoretischen, sondern in einem ästhetisch-praktischen Sinn.

Es handelt sich durchaus um eine „erweiterte" Wahrnehmung, denn es werden im künstlerischen Prozess nicht nur physikalische Fakten wahrgenommen, sondern etwas darüber hinausreichendes, wesentlich Subtileres, nämlich „künstlerischer Ausdruck" – so etwas wie Stimmigkeit, Spannung, „Gehalt", „Tiefe", Stimmung usw. Gernot Böhme spricht daher von „aisthetischer Wahrnehmung", d.h. von einer Wahrnehmung, die in der Lage ist, „Atmosphärisches" festzuhalten (Böhme 2001).

Tatsächlich erleben Künstler_innen in ihrem Prozess sehr viel innere Notwendigkeit und wesentlich weniger Willkür, als es dem Laien manchmal erscheint: Selbst beim „Action Painting", das manche irrtümlich mit moderner Kunst gleichsetzen und ihrem Jüngsten auch zutrauen, beginnt die eigentliche künstlerische Arbeit erst dann, wenn mit den Hinterlassenschaften der aufgeplatzten Farbbeutel gestalterisch und Ausdruck schaffend umgegangen wird.

Künstler_innen beschreiten einen Wahrnehmungs- und Erfahrungsweg und zeigen, dass dieser zu neuen, überraschenden, kreativen Lösungen führt, eben zu mehr, als man sich zuvor hätte ausdenken können. Nicht der Gedanke, nicht eine Planung führt, sondern die Wahrnehmung dessen, was sich ergibt, das situative Erkennen neuer Möglichkeiten oder ästhetisch-sachlicher Erfordernisse und Notwendigkeiten. Voraussetzung ist, sich auf den Prozess einzulassen und ihm fragend zu begegnen. Tastend handelnd „fragen" sie das Material, „wer" es ist, was es kann, wie es auf Interventionen reagiert, was in ihm steckt, wie es behandelt werden will, was möglich ist:

„Das ist ein sehr langsamer Prozess. Ich beginne mit diesen Mustern, Strichen, ganz dünnen Strichen, dann probiere ich Ideen aus. Die Formen werden allmählich immer stabiler und kompakter... Das ist der erste Schritt, die erste Schicht, und darauf folgt eine weitere Schicht und noch eine weitere" (Weischer, M., Maler, in Amman 2007, S. 132).

Das künstlerische Handeln entfaltet sich im steten Wechsel von Tun (Eingreifen) und Wahrnehmen der Folgen dieses Tuns. Von dem, was sie wahrnehmen, lassen sich die Künstler_innen „belehren" und die weitere Richtung des Handelns weisen. Die Werkentwicklung ist insofern ein dialogischer Prozess. Kein Schritt soll willkürlich sein, alles soll sich aus dem Prozess ergeben. Das kann nur gelingen, wenn das sich entwickelnde Werk als Gegenüber gesehen wird, welches einem etwas zeigen kann. Das, was man wahrnimmt, soll zum nächsten Schritt „führen": Die Parameter der nächsten Handlung ergeben sich von Schritt zu Schritt aus dem vorangehenden Eingriff. Handlungen werden abwägend am Material entschieden, nicht „aus dem Kopf". Wahrnehmungsqualitäten spielen eine Rolle, die „hinter" der messbaren Oberfläche liegen, wie „Ausdruck", erfassbar durch geschulte Wahrnehmung, wache Sensibilität, oder auch durch „Bauchgefühl" oder Intuition.

„Und dann das sehen können, ob das gut aussieht oder nicht, brauchbar aussieht. Zu erkennen, ob das eine Ansehnlichkeit hat, die Qualität, die es haben soll, die geht in Richtung Kunst" (Richter, G. 2009).

Der künstlerisch Tätige greift auf, was er wahrnimmt und lässt sich vom Prozess ins Unbekannte tragen – er „lässt sich überraschen", um mit Maria Lassnig (1985) zu sprechen. Dabei zeigt sich langsam eine Richtung, die immer bestimmter, immer klarer hervortritt.

„Wenn man da arbeitet, kommt man richtig rein, und plötzlich hat man Spaß daran und geht in eine Richtung, die man nicht gedacht hätte" (Reichel, A., Maler).

Der künstlerische Prozess beginnt, sich selbst zu tragen und entfaltet sich aus sich selbst, aus seiner eigenen Logik.

4.5 Dialogisch handeln: Spielend zum Ziel

Dieser sich selbst tragende Prozess entfaltet sich aus dem Wechsel von Tun und Wahrnehmen gewissermaßen „induktiv", „von hinten nach vorn", aus keimhaften Anfängen ins Offene, Unbekannte. Künstler_innen betonen daran zum einen den Aspekt des „Dialogs" und zum anderen den des „Spielens" (im schillerschen Sinn, s. Schiller 1795).

Künstler_innen stehen ihrem Stoff in einer dialogischen Haltung gegenüber. Sie realisieren in ihrem Handeln nicht subjektive Intentionen, die sie ihrem Material, ihrem Werk oder dem Schaffensprozess „überstülpen" oder die sie ins Material hineinzwingen. Der „Stoff" ist für sie eben gerade nicht ein Medium, in dem sie ihre persönlichen Ideen „realisieren" – sondern ein Gegenüber, mit dem sie sich „auf Augenhöhe" auseinandersetzen und mit dem im Dialog die Ideen erst entstehen. Der beschriebene Wechsel von Tun und Wahrnehmen käme gar nicht zustande, wenn dem Material und dem, was entsteht, nicht grundsätzlich ein Eigenwert, eine eigene Würde, Berechtigung, Gesetzmäßigkeit zuerkannt würde, die es zu erkennen und zu verstehen gilt. Künstlerische Veränderung des Stoffs ist Veränderung, Entwicklung „im Einklang" mit dem Stoff, mit seinen Prinzipien und immanenten Möglichkeiten. Deshalb ist das künstlerische Handeln auch immer ein ökologisches Handeln (s. Brater et al. 1996).

Dialogisch handeln heißt: Das Gegenüber – den Stoff, das sich herausbildende Werk – anerkennen, ihm einen „gleichwürdigen" (Juul, J.) Stellenwert geben, auf es achten, es ernst nehmen. Es nicht als Projektionsfläche für die eigenen Intentionen zu sehen, sondern als Partner, mit dem zusammen „unsere" Intentionen zu verwirklichen sind. Im Dialog bekommt das künstlerische Material „Subjektqualität": Es kann sich „aus -sprechen" und wird von den Künstler_innen gehört, es kann sich zeigen, und die Künstler_innen nehmen das wahr. Im Dialog geht es um gegenseitigen Respekt, darum, sich zuzuhören und zu versuchen, den anderen zu verstehen, statt seine Fehler zu kritisieren. Dialog heißt: Das fremde Wollen zu verstehen statt den eigenen Willen durchzusetzen und die Gedanken des anderen zu Ende zu denken statt sie abzublocken (Dietz/Kracht 2002). In dieser Haltung begegnen (ebenfalls ein dialogischer Begriff!) Künstler_innen ihrem „Stoff", ihrem werdenden Werk.

In diesem Sinne gehört es wohl auch zur „biografischen Gestaltungskompetenz", sich selbst, seinem eigenen Lebenslauf „dialogisch" gegenüberzutreten und ihn immer wieder einmal zu befragen, worum es da eigentlich geht und vor allem: Wohin die Reise aus den Eigenbedingungen dieser Biografie geht, wie ihr roter Faden aussieht, wohin sie sich nach ihren eigenen Gesetzen und Prinzipien entwickeln kann und sollte (gegen alles, was sie von außen prägen und bestimmen möchte). Das dialogische Prinzip verbindet sich im künstlerischen Handeln mit dem Entwicklungsprinzip.

„Und diese Formen sind einfach so entstanden aus dem reinen Spiel. Irgendwas ist da, aber das wollte ich nicht" (McDonald, M., Tänzerin, eigenes Interview).

Künstler_innen spielen mit dem Material. Spielen ist zu verstehen als absichtsloses, freies, noch unverbindliches Erkunden durch Probieren,

Verwandeln, durch Wechsel der Betrachterperspektive und Auflösen konventioneller Ordnungen. Spielen heißt auch: Den Gegenstand in ungewöhnliche Zusammenhänge bringen, ihn wieder und wieder uminterpretieren, herausfinden, was man sonst noch alles mit ihm machen, wie man ihn sonst noch betrachten, benutzen, verwandeln kann. Im Spielen zeigt der Gegenstand seine Eigenschaften und teilt Vieles über sich mit.

„Das ist experimentell, spielerisch und auch nicht vorher ausgedacht. Das sind Dinge, die mir beim Arbeiten selber kommen" (Reichel, A., Maler, eigenes Interview).

Im Spiel kann Neues, Unerwartetes gefunden werden. Es wird getragen von der Intelligenz der Hände. Spiel ist Exploration und Investigation durch („exakte") Phantasie – Phantasie verstanden nicht als willkürliches Herumspinnen, sondern als Kraft der Verwandlung, des Umdenkens und Neuinterpretierens. Spielen überwindet das Verfestigte, Standardisierte, Genormte, das Übliche und Überkommene, die ausgetretenen Wege, die „Spurrillen" des Denkens und Fühlens, die beide immer wieder in die gleiche wohlbekannte Richtung lenken.

Zum Spielen kann in der künstlerischen Arbeit immer auch ein Element hinzukommen, welches viele Künstler_innen gerne in ihren Arbeitsprozess aufnehmen: Den Zufall.

Zufälle und Unvorhergesehenes können den Prozess zunächst stoppen: Es läuft auf einmal ganz anders als geplant (Farbspritzer auf der Leinwand, Tritt in den Farbeimer,…). Nun gibt es jedoch mehrere Möglichkeiten, mit diesen Unwägbarkeiten umzugehen.

Der Schritt, der vielleicht zunächst nahe zu liegen scheint, läuft auf den Versuch hinaus, die aufgetretene „Störung" „auszumerzen" (Entfernung der Spritzer, Reinigung der Leinwand). Es gibt aber eine ganz andere Möglichkeit: Das unvorhergesehene Ereignis, der „Zwischenfall" muss gar nicht als „Störung", sondern er kann als Anregung, Fingerzeig, neuer Anstoß, als impulsierendes Ereignis gesehen werden: Es kann einem in seiner Arbeit etwas „zu-fallen", von dem man überrascht wird, das aber eine neue Bewegung in die Arbeit bringt – der unbedachte Tritt in den Farbeimer wird so nicht zur Katastrophe („mein Bild ist kaputt, der

Boden ist dreckig"), sondern die dabei z. B. entstandene innovative Farbkombination wird bemerkt, ins bereits Vorhandene integriert oder auf einem anderen Bild zur Entfaltung gebracht.

Zufälle können der künstlerischen Arbeit eine neue Richtung geben, indem sie zunächst wertfrei wahrgenommen und betrachtet und auf ihr mögliches Gestaltungspotenzial hin untersucht werden. Es können Entdeckungen gemacht werden, die man durch Planung nie hätte erreichen können (vgl. Böhle et al. 2012).

Die biografische Lehre liegt hier auf der Hand: Was zunächst als Katastrophe erlebt wird, kann sich bei näherer Betrachtung als heilsamer Impuls, als lebensverändernde Bereicherung herausstellen, sofern man bereit ist, das Ereignis nicht nur als etwas zu sehen, das die biografischen Intentionen durchkreuzt, sondern als etwas, das neue Möglichkeiten, produktive Ansätze, überraschende Lernchancen enthält. Da Künstler_innen Ereignisse nicht ständig an bewussten oder unbewussten Zielen messen, haben sie es wesentlich leichter, solche neuen Möglichkeiten in den scheinbar zerstörerischen Zufällen zu erkennen.

4.6 Kein künstlerischer Prozess ohne ... die Krise

So weit, so (scheinbar) einfach: Es geht voran, das Ergebnis scheint schon greifbar – und dann ist sie plötzlich da, die Krise!

Es gibt im künstlerischen Prozess immer den Punkt, an dem es eben nicht weitergeht, an dem alles stockt und steckenbleibt und alle Ideen, alles, was einen geführt hat, plötzlich nicht mehr tragen.

Man kann die Orientierung im selbstgeschaffenen Prozess verlieren. Es geht einfach nicht mehr weiter. Das, was man ge- und bearbeitet hat, ist nicht stimmig, die Teile passen nicht mehr zusammen, das Entstandene transportiert keinen Ausdruck, es ist zu viel und zu wenig zugleich...:

„Es gibt Momente, wo nichts passiert, wo man in einer Unsicherheit rummacht ... Im Künstlerischen gibt es immer ein Nadelöhr" (Jochen Breme, Bildhauer, eigenes Interview).

Der künstlerische Prozess kann jederzeit und aus heiterem Himmel in die Krise kommen, ohne dass man recht wüsste, warum. Krise heißt: Die leitende Idee verschwindet. Man sieht nichts mehr. Der Dialog mit dem Stoff reißt ab. Man versteht gar nichts mehr. Lähmende Selbstzweifel. Wut, Hoffnungslosigkeit. Am liebsten weg damit!

Warum nur bin ich nicht Buchhalter geworden!

„Da hab ich oft die größte Krise, weil ich immer das Gefühl habe, ich werde von der Masse der Möglichkeiten erschlagen. Da sich zu sagen, ich werde schon die richtigen Dinge entwickeln, das Vertrauen zu haben, die richtigen Entscheidungen zu treffen, das ist nicht so einfach" (Stefan Hasler, Choreograf, eigenes Interview).

Entscheidend an diesem Punkt ist, dass die Krise nicht zu einer andauernden Stockung führt, sondern dass der „Knoten" gelöst wird. Das aber lässt sich nicht und nie erzwingen, dafür gibt es kein Rezept. Vor allem: Wut und Wille bewirken hier gar nichts, sondern führen nur immer tiefer in die Krise. Das hängt mit der Leichtigkeit des Spielens zusammen:

„Man mag noch so mächtig sein, gewaltsam lässt sich kein Spiel wirklich zum Spielen bringen. Im Gegenteil: Wo Gewalt und Zwang herrschen, da bricht jedes freie Hin und Her, jede spielerische Kommunikation zwischen den Kräften ab und wird zum einsinnigen Mechanismus" (Lehnerer 1994, S.107)

Künstler_innen entwickeln zur Bewältigung der Krise unterschiedliche Strategien.

Lösungen können sein, Teile oder das Ganze „umzudrehen", zu versuchen, eine neue Sicht- oder Herangehensweise auf die Arbeit zu entwickeln (dabei kann eine Außenperspektive hilfreich sein). Oder man muss sich vielleicht sogar von der Stelle, die einem so gut gefällt, schmerzhaft trennen und damit einen ggf. ganz „neuen Absprung" wagen.

Die eigene Arbeit wird in der Krise grundlegend hinterfragt; darin liegt wohl auch ihr Sinn. Aus der Krise kann man sich nur regelrecht herausarbeiten: Das Entstandene muss noch einmal sehr kritisch und ggf. radikal betrachtet und überprüft werden. Bereits eingeschlagene Richtungen können oder müssen zu diesem Zeitpunkt verworfen oder korrigiert werden. Dieses Abprüfen findet immer in einer realen Gegenüberstellung, mit dem statt, was man tut bzw. getan hat: Alle Änderungen oder Ideen werden nicht nur gedacht oder geplant, sondern probeweise in die Tat umgesetzt und somit immer wieder der Wahrnehmung vorgelegt.

Zentral ist es, zu versuchen, sich Möglichkeitsräume, die verstellt scheinen, wieder zu öffnen. Das verlangt, nicht einfach passiv zu warten, dass die Krise vorbei geht (das tut sie nicht von alleine), sondern aktiv zu bleiben, um nicht im scheinbar aussichtslosen Zustand zu verharren. Dabei ist Geduld gefragt, und: Abstand gewinnen, denn Grübeln hilft auch nicht. Es kann hilfreich sein, sich eine Zeit vom Gegenstand abzuwenden, diesen einmal „ruhen zu lassen", aber währenddessen auf anderen, verwandten Feldern aktiv zu sein. Es können auch auf einem „Nebenschauplatz" – z. B. bei der parallelen Arbeit an einem anderen Bild– Lösungen gefunden werden, die man übertragen kann. Sich in dieser Weise vom „Krisenherd" abzuwenden, kann Entspannung bringen: In dem anderen Prozess fällt es leichter, wieder eine spielerische, explorative Haltung einzunehmen und so ggf. Ideen zu finden, wie es in dem krisenhaften Prozess weitergehen kann.

Das Werk erfährt durch das Erlebnis und die Bewältigung der Krise in den meisten Fällen eine Transformation, es findet häufig ein grundlegender Wandel statt. Gerade durch dieses radikale Hinterfragen und durch die daraus folgenden Änderungen ist oftmals das, was dann entsteht, besser, „tiefer" geworden, als man es zuvor erreicht hatte. Die eigene Arbeit kann also gerade durch die Krise deutlich gewinnen – sofern man die Krise nicht vermeidet oder zu umgehen versucht. Die Krise wird von vielen Künstler_innen als notwendiger Schritt wahrgenommen, welcher dem Werk erst seine wirkliche Qualität verleiht. Kann man das auf biografische Krisen und ihre Bewältigung übertragen?

4.7 Das Ende des Prozesses

Das Ende des künstlerischen Prozesses kann sich nicht daraus ergeben, dass die anfangs gesteckten Ziele erreicht sind – ganz einfach,
weil es diese Ziele ja nicht gibt. Wann aber ist ein Kunstwerk „fertig"?

Wie man aus vielen Künstler_innenbiografien weiß: Im Grunde nie. Es
gibt viele Beispiele, wie berühmte Künstler_innen sich bestimmte Werke
lebenslang immer wieder vorgenommen haben, um sie zu verändern,
weiterzuentwickeln, irgendetwas zu „korrigieren". „Fertig" ist ein Kunstwerk also offenbar immer nur vorläufig. Viele Künstler_innen sehen
dieses vorläufige Ende dann gekommen, wenn sie etwas erreicht haben, was sie zu dem Zeitpunkt nicht besser hätten machen können, was
so auf den Punkt und „gesteigert" ist, dass sie es im Augenblick voll und
ganz vertreten können. Wenn sie also bei aller kritischen Betrachtung
im Moment keinen Punkt finden, an dem sie noch etwas verbessern
oder ändern könnten (was nächste Woche schon anders sein kann).

G. Richter auf die Frage einer Journalistin, ob das Bild nun fertig sei:
„Kommen Sie in zwei Wochen noch mal wieder, wenn es dann noch so
aussieht wie jetzt, ist es wohl fertig."

Auch das (vorläufige) Ende des künstlerischen Prozesses ergibt sich
ausschließlich aus prozessimmanenter Beurteilung. Dazu betätigt man,
was Goethe „anschauende Urteilskraft" nannte: Man weiß erst, was es
geworden ist, ob es vollendet ist, wenn man es getan hat und anschaut
und erkennt: Aha, so ist es also geworden! Das ist es! So weit bin ich
gekommen.

Wie im richtigen Leben.

Was man von der Kunst für die Berufsbiografie lernen kann

- Offenheit der Biografie erhalten/aushalten: gespannt sein auf das
  eigene Leben
- Die Ausbildung ist ein unverbindlicher Anfang – sicher nicht der
  „Lebensberuf"
- „Experimentelle" Haltung: durch Tätigsein die Welt und sich selbst
  kennenlernen – Erfahrungen sammeln; Lernen; „spielerische"
  Grundhaltung

- Entdecken, was meine Biografie werden kann – worin ich wirklich gut sein kann
- Wichtig: in den Prozess kommen und den Faden nicht reißen lassen
- Offenheit für und Neugier auf das, was kommt; aufgreifen, was lockt
- Sich vom biografischen Prozess tragen lassen
- Nach Sinn fragen, Sinnmöglichkeiten entdecken, dem Leben seinen roten Faden geben
- Krisen erwarten, mit Krisen rechnen, Krisen als Chancen für Entwicklungen
- Neue Ereignisse „einbauen" – Leben bleibt spannend
- Ich weiß erst am Ende, was genau es geworden ist
- Auf jeden Fall wird es individuell und originell sein, eben mein Leben.

5. Was Akteure der Berufsbildung von Kunst und Künstlern lernen können

Ziel einer Künstlerischen Bildung des Subjekts ist „die Bildung und Erziehung zum Künstler: Zu einem Subjekt, welches aufgrund seiner geistigen Beweglichkeit in der Lage ist, sich selbst und sein Leben selbstbestimmt und selbstverantwortlich zu gestalten" (Buschkühle 1997).

Die Analyse des künstlerischen Handelns ergibt:

Das Vorgehen von Künstler_innen, wenn sie Kunst schaffen, stellt sich als die Kunst heraus, in einer offenen, unbestimmten, nicht planbaren Situation ohne vorgegebene Orientierungen und Ziele zu handeln und dabei aus dem Prozess konkrete, nicht erwartbare, aber stimmige Ergebnisse hervorzubringen. Und zwar ohne willkürliche Zielsetzungen und pseudo-rationale Versuche, den Prozess berechenbar und planbar zu machen.

Das künstlerische Handeln zeigt zugleich: Um neue Lösungen, überhaupt Neues hervorzubringen, muss man das zweckrationale Handlungsparadigma verlassen, das nicht für neue, sondern nur bei gegebenen, also bekannten Zielen anwendbar ist. Stattdessen eröffnet das künstlerische Handlungsparadigma einen alternativen Weg: Neues zu schaffen verlangt, sich auf offene Situationen einzulassen, sie also aufrechtzuerhalten und in einer spielerischen, explorativen Grundhaltung, im Wechsel von Tun und Wahrnehmen allmählich etwas entstehen zu lassen, das einen selbst überrascht und mit dem man nicht gerechnet hat. Das Neue konstituiert sich erst während des Arbeitsprozesses, als Fund.

Kunst ist somit, handlungstheoretisch betrachtet, eine „Handlungsform", nämlich die spezifische „Weise des Entstehens" (Lehnerer 1994), also die Vorgehensweise, in der etwas (Neues) entsteht, sich entwickelt – in der sich „Werden" vollzieht. Und genau das kann man von der Kunst lernen. Es ist das Geheimnis des Kreativen: Nicht mit Absichten ans Werk gehen, sondern mit der Freude und Offenheit des freien Spiels.

Das künstlerische Handlungsparadigma ist dem, was in der Berufsbildung üblich ist, ziemlich genau entgegengesetzt: Hier geht es – mit Recht – vor allem um zielgenaues Arbeiten, um Berechenbarkeit und Plan- bzw. Regeltreue. Aber unsere Eingangsüberlegungen zur postmodernen Arbeitswelt weisen auf die beunruhigende Tatsache hin, dass dieses Bild von der Arbeitswelt als Reich des zweckrationalen, zielgenauen Handelns mehr und mehr Risse bekommt: Die in der heutigen Berufsausbildung geforderte Vorbereitung nicht nur auf einen Beruf, sondern auf ein Berufsleben mit vielen Ungewissheiten und Unplanbarkeiten war uns dafür ein vielsagendes Beispiel. Berufsbiografische Prozesse folgen nicht der Logik von Produktionsabläufen, sondern eher: der inneren Dynamik künstlerischer Prozesse.

Und solche beruflichen Situationen, in denen keine klaren Zielvorgaben und Orientierungen bestehen, sondern Unberechenbarkeit und Unplanbarkeit – also Offenheit der Situation – die Regel ist, nehmen überall zu: In allen Bereichen der Arbeitswelt geht es darum, einen unvorhersehbaren Wandel zu bewältigen, dessen Folgen niemals vollkommen absehbar sind und der von den Arbeitenden ständiges Weiter- und Umlernen fordert. Die Verlagerung in technischen Feldern von der Maschinenführung zu Überwachung und Instandhaltung markiert ebenfalls genau diesen Schritt vom geschlossenen zum offenen Prozess. Dienstleistungen sind im Kern ebenfalls offene Prozesse, bei denen sich das Ergebnis erst aus der „Koerstellung" von Dienstleister und Kunde ergibt (s. Munz 2012).

Im Bereich sozialer oder pädagogischer Dienstleistungen liegt die Nähe zum künstlerischen Prozess auf der Hand. Menschen, die in sozialen und pflegerischen – und eben auch pädagogischen – Berufen tätig sind,

„müssen in hohem Maße imstande sein, die Situation anderer Menschen und deren Gefühle zu erfassen … Die sich ergebenden Situationen sind komplex und vieldeutig, und nicht selten von hohen Spannungen geprägt. Es braucht Geistesgegenwart und Improvisationsvermögen und die Fähigkeit, eine in der jeweiligen Lage hilfreiche Intervention zu finden und diese auch auszuführen. Schon die Erkenntnis, oder, bescheidener formuliert, die Interpretation dieser Situation, stellt einen schöpferischen Prozess dar, mehr noch gilt dies für das Handeln. So kommt dieser Arbeit neben ihren technischen und wissenschaftlichen Elementen auch ein mindestens potentiell künstlerischer Charakter zu" (Schmalenbach 2011, S.13).

Aber selbst im technischen Bereich, in dem die „Ingenieurslogik" zweckrationale Planbarkeit vermutet, zeigen neuere Untersuchungen, dass „subjektivierende" Faktoren – wie etwa Gefühl und Gespür – eine bemerkenswert große Rolle spielen (vgl. Bauer et al. 2002). Und schließlich die Managementtätigkeiten: Zwar wird hier überall versucht, das Anwachsen offener Prozesse in der postmodernen Unternehmenswelt zurückzudrängen und mit ständig neuen „Tools" rationale Steuerung und damit den „Glauben, alles im Griff zu haben" scheinbar zu retten. Aber Psychologen haben das längst als „Kontrollillusion" entlarvt (vgl. Berner 2011): Ein Unternehmen ist genau so wenig zentral steuerbar und beherrschbar wie das Wasser in einem Gebirgsbach und folgt auf allen Unternehmensebenen ganz anderen Wirkungszusammenhängen, als die Betriebswirtschaft uns glauben machen will.

Die Berufsbildung hätte also genügend Anlass, darüber nachzudenken, inwieweit die Vorbereitung auf ein postmodernes Berufsleben nicht nur für den Umgang mit der eigenen Biografie ein am Vorgehen der Künstler_innen orientiertes Handlungsverständnis nahelegt, sondern durchaus auch im Hinblick auf veränderte Anforderungen in vielen Bereichen der Berufsausübung. Ausbilder_innen wie Auszubildende können von der Kunst und von Künstler_innen lernen, wie man mit offenen Prozessen „künstlerisch" umgeht und dass man kreativ und innovativ nicht nach Plan und Programm sein kann, sondern nur in einem Prozess, der das Ende offen lässt und schrittweise – iterativ – im sensiblen Wechsel von Tun und Wahrnehmen etwas „entstehen lässt". Die Lösung, das „richtige Vorgehen" für offene Prozesse steht nicht im Handbuch und kann nicht durch Planung erdacht, sondern sie muss im Abenteuer der spielerischen Tätigkeit gefunden und entwickelt werden.

Wie kann man dieses „künstlerische Handeln" am besten erlernen? Vertreter der Berufsbildung wird es kaum wundern, wenn die Antwort lautet: Indem man selbst künstlerisch arbeitet.

Das Potenzial von ergebnisoffenen Prozessen kann man innerhalb eigener künstlerischer Arbeit (mit dem Schwerpunkt auf den Prozess und auf das, was man an sich selbst erlebt) mit am besten erfahren. Man wird selbst Akteur und kann ausprobieren, wie es ist, in einem „offenen Raum" explorativ und spielerisch zu arbeiten, Möglichkeiten zu erkunden, Krisen zu durchleben und zu verarbeiten. Und man kann dabei auch erleben, wie sich die Arbeit durch die Krise positiv verändern kann. Überhaupt einmal zu erfahren, wie es ist, mit offenen Situationen prozessorientiert und explorativ umzugehen, kann helfen, auch eine offene Situation in der Arbeit ähnlich mutig anzugehen; also die im Künstlerischen erfahrenen Handlungsmöglichkeiten auch auf berufliche Situationen zu transferieren. Gerade in auf die Berufsbildung abgestimmten künstlerischen Tätigkeiten hat man die Möglichkeit, sich überhaupt einmal an eine solche Haltung heranzuarbeiten und darin ein gewisses Selbstbewusstsein zu entwickeln. Das künstlerische Tun stellt einen Freiraum dar, in dem Handlungsmöglichkeiten ausgelotet werden können, die im realen Arbeitsleben mit seinen realen Abhängigkeiten (Finanzen, Zeitkontingente, Vorgaben etc.) zunächst nur schwer zugelassen werden können. Durch die ebenso „realen" Erfahrungen während eines Kunstprozess kann man jedoch erfahren oder lernen, dass es solche weiteren, erweiternden Handlungsmöglichkeiten eben auch gibt. Das zeigt auch das Ergebnis einer wissenschaftlichen Befragung von

Pädagogik-Masterstudierenden zur Wirkung von kunstpraktischen Einheiten innerhalb ihres Pädagogik-Studiums:

„Ihre Erfahrungen mit Kunstausübung führen dazu, dass sie diese entgegen ihrer ersten Erwartungen positiv erleben. Die Studierenden entdecken neue Aspekte der eigenen Persönlichkeit in einem freien, ergebnisoffenen Prozess. Sie erleben beim Lösen der künstlerischen Aufgaben Krisen, erfahren Grenzerweiterungen und erleben die Kreativität künstlerischen Schaffens. Diese Erlebnisse bringen sie zu der Überzeugung, dass künstlerisches Schaffen zur Bereicherung der eigenen Persönlichkeit beiträgt. Die Beschäftigung mit Kunst fördert Kompetenzen, deren Nutzen für pädagogische Situationen sie hoch einschätzen" (Heinritz/Röhler 2013, S. 16).

Die im künstlerischen Prozess zu erfahrende „neue" Handlungsfähigkeit kann einem demnach neue Handlungsvarianten für sein berufliches Tun erschließen. Grundlegende Voraussetzung für einen fruchtbaren Transfer ist es, zusammen mit künstlerischen Prozessbegleitern die im künstlerischen Prozess gefundenen Impulse zu betrachten und zu reflektieren und auf die reale Arbeitssituation zu übertragen. Die befragten Pädagogikstudierenden gaben z. B. zu Protokoll:

„Sie (die künstlerischen Übungen) werden als eine persönlich bereichernde und anregende Erfahrung bewertet sowie auch als eine Möglichkeit, pädagogisch relevante Erfahrungen zu machen, die sich zum Teil in die eigene Unterrichtspraxis übertragen lassen" (ebd. S. 25).

Bisher beruhen unsere Schlussfolgerungen im Wesentlichen auf – wie wir meinen: plausibler – Argumentation, gestützt auf die Kernthese der „Strukturähnlichkeit". Empirische Forschung auf diesem Gebiet ist bisher immer noch eher selten bzw. es liegen nur Untersuchungen mit sehr kleinen Gruppen vor. Vorliegende Evaluationen praktischer Projekte liefern zwar zahlreiche Hinweise und Belege für eine Wirkung künstlerisch-pädagogischer Praxis im Sinne unserer Hypothese (vgl. Rittelmeyer 2010). Aber systematische und wirklich strenge empirische Überprüfung der behaupteten Zusammenhänge in größerem Stil stößt auf enorme methodische Probleme und steht (daher?) immer noch aus.

Literaturverzeichnis

Ammann, J.Ch. (2007): Bei näherer Betrachtung. Zeitgenössische Kunst verstehen und deuten, Frankfurt.

Arnold, R. (2012): Ich lerne, also bin ich: Eine systemisch-konstruktivistische Didaktik, Heidelberg.

Arnold, R./Erpenbeck, J. (2014): Wissen ist keine Kompetenz: Dialoge zur Kompetenzreifung, Hohengehren.

Bauer, H.G./Böhle, F./Munz, C./Pfeiffer, S./Woicke, P. (2002): Hightech-Gespür, Erfahrungsgeleitetes Arbeiten in hoch technisierten Arbeitsbereichen, Berichte zur beruflichen Bildung, Heft 253, Bielefeld.

Bauer, H.G./et al.(2007): Lern(prozess)begleitung in der Ausbildung. Wie man Lernende begleiten und Lernprozesse gestalten kann. Ein Handbuch, Bielefeld.

Beck, U/Giddens, A./Lash, S. (Hg.) (1996): Reflexive Modernisierung. Eine Kontroverse. Suhrkamp, Frankfurt a.M..

Berner, W. (2011): Kontrollillusion: Die prinzipielle Unberechenbarkeit sozialer Prozesse, http://www.umsetzungsberatung.de/psychologie/kontrollillusion.php.

Böhle, F./Bürgermeister, M./Porschen, S. (Hg.) (2012): Innovation durch Management des Informellen. Künstlerisch, erfahrungsgeleitet, spiele-risch, Berlin.

Böhme, G. (2001): Aisthetik, München.

Brater, M./Hemmer-Schanze, Ch./Maurus, A./Munz, C. (1996): Wird Arbeit Kunst, kann die Natur leben. Umweltschutz durch ein neues Ver-ständnis von Arbeit und Beruf, Ostfildern.

Brater, M. (1998): Beruf und Biografie, Reihe Gesundheitspflege initia-tiv. No. 17, Esslingen.

Brater, M./Freygarten, S./Rahmann, E./Rainer, M. (2011): Kunst als Handeln – Handeln als Kunst. Was Arbeitswelt und Berufsbildung von Künstlern lernen können. Bielefeld.

Brater, M. (2015): 15 Thesen über das Lernen, Broschüre GAB München.

Buschkühle, C.-P. (1997): Wärmezeit. Zur Kunst als Kunstpädagogik bei J. Beuys, Frankfurt.

Dietz, K.-M./Kracht, T. (2002): Dialogische Führung. Grundlagen, Praxis, Fallbeispiel: dm-Drogerie-Markt, Frankfurt a. M..

Erpenbeck, J./v. Rosenstiel, L. (2007): Handbuch Kompetenzmessung: Erkennen, verstehen und bewerten von Kompetenzen, Stuttgart.

Gohr, S. (2006): Ich suche nicht, ich finde. Pablo Picasso. Leben und Werk, Köln.

Heinritz, Ch./Röhler, A. (2013), Bedeutung und Auswirkungen von Kunstangeboten im Curriculum von pädagogischen Studiengängen, in: BIOS, Heft I, 1..

Lassnig, M. (1985): Tagebuchnotiz, Wien.

Lehnerer, T. (1994): Methode der Kunst, Würzburg.

Munz, C. (2005): Berufsbiografie selbst gestalten. Wie sich Kompetenzen für die Berufslaufbahn entwickeln lassen, Bielefeld.

Munz, V. (2012): Die Kunst der guten Dienstleistung, Bielefeld.

Richter, G. (2009), Katalog der Ausstellung „Abstrakte Gemälde" im Haus der Kunst, München.

Rittelmeyer, C. (2010): Warum und wozu ästhetische Bildung? – Über Transferwirkungen künstlerischer Tätigkeiten. Ein Forschungsüberblick, Oberhausen.

Schiller, F. (1795), Über die ästhetische* Erziehung des Menschen, in einer Reihe von Briefen, Zeitschrift Die Horen.

Schmalenbach, B. (2011): Kunst in der Ausbildung sozialer Berufe, München

Berufsbiografiegestaltung und berufliche Orientierung aus Sicht von Forschung und Praxis

Daniela Ahrens
Übergänge im Spannungsfeld individueller Gestaltungsmöglichkeiten und - notwendigkeiten

Abstract

Der Beitrag diskutiert die Frage, inwieweit Individualisierung und Biografisierung auch für sogenannte benachteiligte Jugendliche im Sinne der eigenverantwortlichen Gestaltungsoptionen zum Tragen kommen. Eine besondere Rolle spielen in diesem Zusammenhang Gatekeeping-Prozesse. An den „Türen" des Statuswechsels entscheiden sie maßgeblich darüber, ob und in welchem Maße Planungsmöglichkeiten oder Planungsnotwendigkeiten entstehen.

Einleitung

Vor gut 30 Jahren formulierte Ulrich Beck seine Individualisierungsthese und die damit verbundenen „riskanten Freiheiten" (Beck/Beck-Gernsheim 1994). Mit der Freisetzung aus klassen- und schichtgebundenen Kausalitäten werde das Subjekt zum „Planungsbüro" seiner Selbst: „In der individualisierten Gesellschaft muß der einzelne entsprechend bei Strafe seiner permanenten Benachteiligung lernen, sich selbst als Handlungszentrum, als Planungsbüro in Bezug auf seinen eigenen Lebenslauf, seine Fähigkeiten, Orientierungen, Partnerschaften usw. zu begreifen" (Beck 1986, 217). Beck betonte, dass die Individualisierung bei bestehenden Ungleichheitsrelationen fortschreitet. Jedoch ändert sich die Adressierung von Ungleichheiten: „Ungleichheiten werden keineswegs beseitigt, sondern nur umdefiniert in eine Individualisierung sozialer Risiken. In der Konsequenz schlagen gesellschaftliche Probleme unmittelbar um in psychische Dispositionen: in persönliches Ungenügen, Schuldgefühle, Ängste, Konflikte und Neurosen. Es entsteht – paradox genug – eine neue Unmittelbarkeit von Individuum und Gesellschaft, die Unmittelbarkeit von Krise und Krankheit in dem Sinne, dass gesellschaftliche Krisen als individuelle erscheinen und nicht mehr oder nur noch sehr vermittelt in ihrer Gesellschaftlichkeit wahrgenommen werden" (Beck 1994, 58). Diese These hat bis heute nicht an Aktualität eingebüßt. In der Arbeitswelt ist unter den Stichworten „Subjektivierung des unmittelbaren Arbeitsprozesses" oder „Arbeitskraftunternehmer" (Voß 1998) auf die Rolle der überfachlichen Qualifikationen und die „notwendige Chance" der Individualisierung der Berufsbiografie hingewiesen worden. Der Beitrag diskutiert, inwieweit diese Biografisierung auch beim Übergang von der allgemein bildenden Schule in eine berufliche Ausbildung zunimmt und welche Spannungsfelder damit einhergehen angesichts der Tatsache, dass das Übergangssystem in hohem Maße institutionell geregelt ist, und gleichzeitig die Aufgabe der individuellen Gestaltung des Übergangs an die Jugendlichen adressiert wird. Anhand der Schwierigkeiten von Jugendlichen[1] – und hier insbe-

---

[1] Nach wie vor landen über eine Viertel Million junger Menschen im Übergangssystem. Dass dies nicht nur an einer mangelnden Ausbildungsreife der Jugendlichen liegt, belegt die Zahl von 83.600 ausbildungsinteressierten Jugendlichen,

sondere von Jugendlichen mit Migrationshintergrund – einen Ausbildungsplatz zu erhalten, diskutiert der Beitrag das Spannungsfeld zwischen zunehmenden Planungsnotwendigkeiten bei gleichzeitig sinkenden Planungsmöglichkeiten. Einschränkungen hinsichtlich des Berufswahlpozesses resultieren insbesondere durch die strukturelle vertikale Segmentierung des Ausbildungsmarkts, der dazu führt, dass Jugendliche mit einem niedrigen oder fehlenden Schulabschluss vorwiegend im unteren Berufssegment mit nur geringen Einkommens- und Karriereperspektiven vertreten sind, selbst wenn die Ausbildungsordnungen das Upgrading von Anforderungen an den Ausbildungsberuf nicht bestätigen (Protsch 2014).

Ziel des Beitrags ist es, die Schwierigkeiten herauszuarbeiten, denen Jugendliche beim Übergang in eine berufliche Ausbildung gegenüberstehen. Die vorherrschende Sichtweise ist, dass Übergänge institutionell gerahmt und gleichzeitig durch das biografische Handeln der Subjekte strukturiert werden (Schroer et al. 2013). Vernachlässigt wird dabei jedoch die Rolle der Gatekeeper. Gatekeeper fungieren als Mittler zwischen individuellen Wünschen und Erwartungen und Anforderungen der Arbeitswelt. Lohnenswert scheint der Blick auf die Rolle und Funktion von Gatekeepern insbesondere hinsichtlich der Frage nach Diskriminierungseffekten. Diskriminierung erfolgt durch den Bezug auf zugeschriebene Merkmale, d. h. durch eigene Leistung nicht erwerbbare bzw. veränderbare Eigenschaften wie Hautfarbe, Geschlecht, ethnischer Hintergrund (Scherr 2014). Nach wie vor haben Jugendliche mit Migrationshintergrund trotz gleicher schulischer Leistungen geringere Chancen einen Ausbildungsplatz zu bekommen als Bewerber ohne Migrationshintergrund. Dies betrifft insbesondere Jugendliche mit einem mittleren Schulabschluss: Hier gelingt es fast der Hälfte der Jugendlichen ohne Migrationshintergrund (48 %), einen Ausbildungsplatz zu bekommen, während der Anteil bei den Jugendlichen mit Migrationshintergrund nur bei einem knappen Drittel liegt (Scherr et al. 2015). Diese ungleiche

---

die auf der Suche nach einem Ausbildungsplatz erfolglos blieben (Ulrich et al. 2013, 2). Dazu kommt der nicht unerhebliche Anteil von 13,5 % Jugendlichen zwischen 20 und 29 Jahren, die über keinen Berufsabschluss verfügen (ebd., 51).

Chancenverteilung beim Übergang in die berufliche Ausbildung ist mittlerweile durch verschiedene Studien gut belegt. Erklärungsansätze über die Ursachen und Mechanismen von Diskriminierungsprozessen finden sich hingegen kaum (BIBB 2014).

Gatekeeper als Nadelöhr

Das Konzept der Gatekeeper (Behrens/Rabe-Kleberg 2000; Struck 2001) ist zwischen struktureller Ebene und Handlungsebene angesiedelt. Im Sinne eines „Pförtners" sind Gatekeeper maßgeblich an der Gestaltung, Beurteilung, Gewährung oder aber auch der Nicht-Gewährung von Übergängen beteiligt. Sie „repräsentieren spezifische institutionelle und organisatorische Kontexte und gestalten und kontrollieren Statusübergänge im Lebensverlauf" (Struck 2001, 30). Als zentrale Entscheidungsträger beim Zugang in die berufliche Ausbildung legitimeren Gatekeeper vielfach ihre Entscheidungen über das Konstrukt der „Ausbildungsreife" oder über die steigenden Anforderungen in der Arbeitswelt. Obwohl der Begriff „Ausbildungsreife" angesichts seiner Unschärfe einer wissenschaftlichen Operationalisierung nicht standhält, hält er sich hartnäckig als Entscheidungsgrundlage und -legitimation. Die Autoren Behrens und Rabe-Kleberg unterscheiden vier Typen von Gatekeepern nach ihrer Interaktionsdichte und ihrem Formalisierungsgrad (Behrens/Rabe-Kleberg 2000). Bei den vier Typen handelt es sich um Angehörige der Primärgruppe wie Familienangehörige und Peers, um Vorgesetzte oder Repräsentanten von Organisationen sowie als vierten Typus um neutrale Gutachter (ebd. 102). Hervorzuheben ist, dass Gatekeeper zum einen nach innen wirken, indem sie die Zusammensetzung von Gruppen bzw. für die hier zugrundeliegende Argumentation, die betriebliche Zusammensetzung, die Frage, wer Organisationsmitglied wird und wer nicht, beeinflussen, und zum anderen nach außen wirken, indem sie Zugangsentscheidungen bei Übergängen und Statuswechsel treffen. Gemeinsam ist den Gatekeeping-Instanzen, dass sie biografische Darstellungen von den Bewerbern verlangen, wobei es bei abnehmender Interaktionsdichte für die „Passierenden" (ebd. 112) leichter wird, biografische Darstellungen strategisch einzusetzen. Gleichzeitig nimmt bei zunehmender Interaktionsdistanz bei den Gatekeepern der Rückgriff auf standardisierbare, messbare Kriterien bei der Entscheidungsfindung zu. Überträgt man diesen Gedanken auf die betriebliche Rekrutierungspraxis, wird offenbar, dass insbesondere große Betriebe mit einem professionellen mehrstufigen Bewerbungsverfahren auf messbare, und damit auf schulische Leistungen als Bewertungskriterien zurückgreifen. Zwar stellen angemessene Umgangsformen ein Reifekriterium im Kriterienkatalog zur Ausbildungsreife dar, aber insbesondere benachteiligte Jugendliche haben aufgrund der Vorselektion geringere Chancen, durch motivationale und soziale Kompetenzen fehlende fachliche Leistungen zu kompensieren. Dies bestätigen auch die Ergebnisse von Protsch. Die Autorin untersuchte Rekrutierungspraktiken großer Unternehmen. Danach kommen Aspekte der Persönlichkeit und Soft Skills erst in den Vorstellungsgesprächen als Selektionskriterien zum Tragen, also in einer Auswahlstufe, die Jugendliche mit Hauptschulabschluss häufig gar nicht erst erreichen (Protsch 2014, 4). Dies bestätigt auch eine Untersuchung zu den Rekrutierungspraktiken im Kfz-Sektor, die am Institut Technik & Bildung durchgeführt wurde (Spöttl et al. 2015)[2]. Ein Ergebnis der Untersuchung war, dass sich die Rekrutierungsprozesse zwischen den Klein- und Großbetrieben deutlich voneinander unterscheiden. Großbetriebe führen aufwendige, mehrstufige Einstellungsverfahren durch, in deren Verlauf die Selektion geeigneter Jugendlicher durch Tests erfolgt, deren Bewältigung gerade Schülerinnen und Schülern mit einem niedrigen Schulabschluss schwer fällt.

Betriebe als Gatekeeper

Die Rekrutierungspraktiken von Großbetrieben unterscheiden sich im Vergleich zu kleinen und mittelständischen Unternehmen (KMU) insofern, dass Großbetriebe aufgrund der hohen Bewerberanzahl stärker

---

[2] Die Studie erfolgte im Auftrag der Automechanika Frankfurt, Messe Frankfurt Exhibition GmbH und wurde im Zeitraum von Oktober 2013 bis Juni 2014 durchgeführt. Die empirische Erhebung erfolgte in den norddeutschen Bundesländern Schleswig-Holstein, Niedersachsen und Bremen sowie in Nordrhein-Westfalen und Hessen.

nach formalen Schulleistungen auswählen, während in kleineren und mittelständischen Betrieben die „Logik der Betriebstauglichkeit" und ein „Bauchgefühl" (Imdorf 2010) als zentrale Auswahlkriterien fungieren. Angesprochen ist damit die Frage der sozialen Passung. Das bedeutet, Betriebe wählen danach aus, ob und wie sich der Jugendliche ihrer Meinung nach in das soziale Kommunikationsgefüge, die betriebliche Wertegemeinschaft und in die betrieblichen Machtverhältnisse einfügen wird. Unsere Studie zur Rekrutierungspraxis im Kfz-Sektor zeigte, dass Begriffe wie „Ausbildungsreife" oder „Berufswahlreife" insbesondere für kleine Betriebe viel zu abstrakt sind, dass stattdessen eher der „erste Eindruck" (Aussage eines Ausbildungsmeisters) entscheidend ist. Bei dieser Rekrutierungspraxis kommen betriebliche Normalitätserwartungen sowie vermutete Reaktionen der betriebsrelevanten Umweltbeziehungen (z. B. Kundschaft, Geschäftspartner) zum Tragen. Dass organisationsinterne Faktoren die betriebliche Selektionspraxis stärker anleiten als abstrakte sozialwissenschaftliche Kategorien, wie beispielsweise ‚Migrationshintergrund' oder ‚Ethnizität', wird auch von Ulrike Hormel (2013) betont. Sie plädiert dafür, Ursachen für Benachteiligungen nicht länger einseitig nur auf die vermuteten Eigenschaften der Jugendlichen zu beziehen, sondern die „konkrete benachteiligungswirksame Selektionspraxis der Betriebe" (ebd. 263) zu untersuchen. Angesprochen sind damit neben der jeweiligen Betriebsgröße die unterschiedlichen Betriebsstrukturen und die soziale Heterogenität oder Homogenität der betrieblichen Beschäftigten. Da die Entscheidung für einen Auszubildenden nicht nur auf kognitiven schulischen Leistungen basiert, werden inner- und außerbetriebliche Reaktionen antizipiert. Anknüpfend an die Rechtfertigungstheorie geht Imdorf davon aus, dass „Ausbildungsverantwortliche die spätere Legitimierbarkeit ihrer Entscheidung bereits im Selektionsprozess antizipieren und ihr Handeln danach richten" (Imdorf 2015, 39). Das heißt, dass beispielsweise öffentlichkeits- und medienwirksame Diskurse über Hauptschulabsolventen und Migrationsjugendliche als Legitmiationsfolie für die Einstellungspraxis dienen.

Fazit

Jene Jugendliche, deren Übergang in eine berufliche Ausbildung sich als schwierig und voraussetzungsreich erweist, sind besonders herausgefordert, Übergängen zu gestalten. Die Jugendlichen müssen vorhandene Schließungstendenzen und Diskriminierungen pragmatisch reflektieren zugunsten „realistischer" Teilhabemöglichkeiten. Damit wird von ihnen eine Reflexionsarbeit erwartet, die ihnen seitens der betrieblichen Gatekeeper zwar zugemutet aber vielfach nicht zugetraut wird. Hinsichtlich der Beckschen Individualisierungsthese lässt sich das Fazit ziehen, dass beim Übergang in die Ausbildung für viele Jugendliche eine „halbierte Individualisierung" in dem Sinne zu beobachten ist, dass ihre Gestaltungsmöglichkeiten durch Gatekeeper gleichermaßen limitiert und eingefordert werden. Gatekeeping-Prozesse stellen nach wie vor ein Forschungsdesiderat dar. Damit verbunden ist auch die Identifizierung jener Akteure – Personen und Institutionen – deren Handeln als Gatekeeping zu verstehen ist. Studien zu Übergangsprozessen konzentrieren sich in erster Linie auf Fragen, wann die eine Statuspassage anfängt bzw. die andere beginnt oder auf die individuellen Bewältigungsstrategien.

Literaturverzeichnis

Beck, U. (1986): Risikogesellschaft. Auf dem Weg in eine andere Moderne. Frankfurt a.M.

Beck, U. (1994): Jenseits von Stand und Klasse? In: Beck, U./Beck-Gernsheim, E. (Hg.): Riskante Freiheiten. Individualisierung in modernen Gesellschaften. Frankfurt a.M., 43-61.

Behrens, J./Rabe-Kleberg, U. (2000): Gatekeeping im Lebenslauf – Wer wacht an Statuspassagen? In: Hoerning, E.M. (Hg.) (2000): Biographische Sozialisation. Stuttgart, 101-137.

Brändle, T./Müller, S. (2014): Berufsorientierung von „benachteiligten" Jugendlichen. Zur Relevanz sozialer Herkunft im Übergangssystem. In: Sozialer Fortschritt 4– 5/ 2014, 82-89.

Diewald, M. (2010): Lebenslaufregime: Begriff, Funktion und Hypothesen zum Wandel. In: Bolder, A. et al. (Hg.): Neue Lebenslaufregimes – Neue Konzepte der Bildung Erwachsener. Wiesbaden, 25-43.

Hormel, U. (2013): Ethnisierung von ‚Ausbildungsfähigkeit' – ein Fall sozialer Schließung in der Migrationsgesellschaft. In: Maier, M. S./Vogel, T. (Hg.) (2013): Übergänge in eine neue Arbeitswelt. Wiesbaden, 245–267.

Imdorf, C. (2015): Ausländerdiskriminierung bei der betrieblichen Ausbildungs-platzvergabe: ein konventionensoziologisches Erklärungsmodell, In: Scherr, A. (Hg.): Diskriminierung migrantischer Jugendlicher in der beruflichen Bildung : Stand der Forschung, Kontroversen, Forschungsbedarf, Weinheim 2015, 34-53.

Jährling, K./Weinbach, C. (2015): Arbeitsvermittlung zwischen Kunst und Kennziffer: Ermessensspielräume in der Arbeitsverwaltung. WISO direkt. Juni 2015, Bonn.

Kohlrausch, B. (2013): Betriebliche Gatekeepingprozesse: Wie Rekrutierungsprozesse und Einstellungsentscheidungen von Betrieben strukturiert sind. In: Maier, M. S./Vogel, T. (Hg.): Übergänge in eine neue Arbeitswelt? Wiesbaden, 225–244.

Protsch, P. (2014): Segmentierte Ausbildungsmärkte: berufliche Chancen von Hauptschülerinnen und Hauptschülern im Wandel, Opladen.

Rohrbach-Schmidt, D./Uhly, A. (2015): Determinanten vorzeitiger Lösungen von Ausbildungsverträgen und berufliche Segmentierung im dualen System, in: Kölner Zeitschrift für Soziologie und Sozialpsychologie 1/2015, 105-135.

Scherr, A. (2014): Diskriminierung und soziale Ungleichheiten. Essentials. Wiesbaden.

Scherr, A. et al. (2015): Einleitung: Ausmaß, Formen und Ursachen der Diskriminierung migrantischer Bewerber/innen um Ausbildungsplätze. In: Scherr, A. (Hg.): Diskriminierung migrantischer Jugendlicher in der beruflichen Bildung. Stand der Forschung, Kontroversen, Forschungsbedarf. Weinheim, 9-32.

Schroer, W. et al. (Hg.) (2013): Handbuch Übergänge, Weinheim.

Spöttl, G. et al. (2015): Gesucht und Gefunden – Rekrutierung von Auszubildenden im Kfz-Handwerk. In: lernen & lehren. Zeitschrift der Bundesarbeitsgemeinschaften Elektro-, Informations-, Metall- und Fahrzeugtechnik e.V. (30), Heft 117, S. 28-35.

Struck, O. (2001): Gatekeeping zwischen Individuum, Organisation und Institution. Zur Bedeutung und Analyse von Gatekeeping am Beispiel von Übergängen im Lebensverlauf. In: Leisering, L./Müller, R./Schumann, K. F (Hg.) (2001): Institution. Weinheim /München, 29-54.

Truschkat, I. (2013): Biografie und Übergänge. In: Schroer, W. et al. (Hg.): Handbuch Übergänge. Weinheim, 44-63.

Ulrich, J. U. et al. (2013): Die Entwicklung des Ausbildungsmarktes im Jahr 2013. Zahl der neu abgeschlossenen Ausbildungsverträge fällt auf historischen Tiefstand. Bonn. http://www.bibb.de/dokumente/pdf/a21_beitrag_naa-2013.pdf

Ulrich, J. U. (2015): Der institutionelle Rahmen des Zugangs in duale Berufsausbildung und seine Folgen für die Bildungschancen von Jugendlichen. In: Scherr, A. (Hg.): Diskriminierung migrantischer Jugendlicher in der beruflichen Bildung. Stand der Forschung, Kontroversen, Forschungsbedarf. Weinheim, 54-79.

Voß, G. G. (1998): Die Entgrenzung von Arbeit und Arbeitskraft. Eine subjektorientierte Interpretation des Wandels der Arbeit. Mitteilungen aus der Arbeitsmarkt- und Berufsforschung. Stuttgart.

Martin Fischer, Magdalene Follner,
Kirsten Kramer
Den eigenen Weg finden. Ein Lehr-/Lern-Arrangement zur Förderung berufsbiografischer Gestaltungskompetenz

Abstract

Im Rahmen zweier Forschungsprojekte wurde am Institut für Berufspädagogik und Allgemeine Pädagogik des Karlsruher Instituts für Technologie ein didaktisches Konzept entwickelt, welches Schülerinnen und Schüler verschiedener Schularten in der Entwicklung berufsbiografischer Gestaltungskompetenz in der Berufseinmündungsphase unterstützt, damit sie auf mögliche Umbrüche und Unsicherheiten im zukünftigen Berufs- und Privatleben souveräner reagieren können. Ergebnis ist ein interaktives Würfelspiel namens „My Way! Finde deinen Weg", das zur Erweiterung der schulischen Berufsorientierung beiträgt. Dieses Konzept wird hier vorgestellt und es wird aufgezeigt, inwiefern es berufliche Orientierung im Sinne aktiver und fortlaufender Gestaltung der Berufsbiografie anregen kann.

1. Der problematische Übergang von der Schule in den Beruf

Die Berufseinmündung ist für junge Menschen in vielen Staaten Europas eine problematische Lebensphase, die mit hohen individuellen und gesellschaftlichen Kosten verbunden ist. Jugendarbeitslosenraten von über 50 % in Ländern wie Spanien oder Griechenland unterstreichen die Problemlage.

Gerade der Übergang an der Schwelle von der Schule ins Erwerbsleben („school-to-work transition") ist als besonders kritisch und problembelastet anzusehen. In vielen EU-Mitgliedsstaaten ist die Suche nach dem ersten Arbeitsplatz ein langer und schwieriger Prozess für junge Menschen. Je nach Bildungsabschluss dauert die durchschnittliche Übergangsphase zwischen Abschluss und Aufnahme eines Arbeitsverhältnisses im EU-Durchschnitt 6,5 Monate, wobei hier große Unterschiede zwischen den einzelnen Mitgliedsstaaten und in Abhängigkeit der Wertigkeit des Bildungsabschlusses bestehen: zwischen fünf Monaten (hoher Bildungsabschluss, EU-Durchschnitt) und zehn Monaten (niedriger Bildungsabschluss, EU-Durchschnitt); damit korreliert eine Jugendarbeitslosenquote von 21,6 % in der EU (vgl. European Commission/Eurostat 2013). Des Weiteren sind atypische Beschäftigungsformen wie Teilzeitarbeit und Jobunsicherheit durch befristete Verträge unter jungen Arbeitnehmerinnen und -nehmern gängiger; sie führen dazu, dass Zukunftspläne immer häufiger zurückgestellt werden und der Übergang ins Erwachsenenleben sich verzögert (vgl. Eurofound 2014; Eckelt/Schmidt 2014; Frosch 2010).

Infolge dieser wahrgenommenen Problemlage wurde vom EU-Ministerrat im April 2013 eine Empfehlung für eine „Jugendgarantie" ausgesprochen. Diese besagt, dass die Mitgliedsstaaten „dafür sorgen sollten, dass allen jungen Menschen unter 25 Jahren innerhalb von vier Monaten, nachdem sie die Schule verlassen haben oder arbeitslos geworden sind, eine hochwertige Arbeitsstelle, die ihrer Ausbildung, ihren Fähigkeiten und ihrer Erfahrung entspricht, angeboten wird" (Europäische Kommission 2014). Unter anderem infolge dieses Beschlusses wurden auch auf Länderebene in einigen Staaten Europas (z. B. UK, Spanien, Belgien, Frankreich, Italien) Maßnahmen zur Unterstützung der Berufseinmündung lanciert. Beim Job-Gipfel der Europäischen

Kommission im Oktober 2014 wurde jedoch etwas mehr als ein Jahr nach dem Beschluss zur „Jugendgarantie" die eher unbefriedigende Zwischenbilanz gezogen, dass die bereitstehenden Mittel zur Bekämpfung der Jugendarbeitslosigkeit von den Ländern bislang nicht ausreichend genutzt würden, z. B. für die Durchführung von notwendigen und umfassenden Strukturreformen der Aus- und Weiterbildungssysteme sowie der Arbeitsweise der öffentlichen Arbeitsverwaltungen in einigen EU-Mitgliedsstaaten (ebd.). Die Ergebnisse wissenschaftlicher Untersuchungen zeigen außerdem, dass Erfolge der tatsächlich erfolgten länderspezifischen Maßnahmen zur Senkung der Jugendarbeitslosigkeit in Zweifel gezogen werden müssen (z. B. Keep/Mayhew 2010; Ryan 2000, S. 65).

Im europaweiten Vergleich erscheint Deutschland mit einer Jugendarbeitslosenquote von unter 5 % als eine „Insel der Glückseligen". Schaut man jedoch genauer hin, zeigen sich auch hier einige Probleme in der Berufsfindungsphase und Berufswegeplanung von jungen Menschen. Das beginnt damit, dass sich immer noch viele junge Menschen im sogenannten Übergangssystem befinden, d. h. in berufsvorbereitenden Maßnahmen, in denen in der Regel kein formaler Berufsbildungsabschluss vermittelt wird – und die deshalb in der Arbeitslosenstatistik gar nicht auftauchen. Nicht nur in vielen europäischen Staaten, auch in Deutschland ist die Berufseinmündung eine kritische Phase für viele junge Menschen. Zur Berufseinmündung gehört der Übergang von der Schule in eine Berufsausbildung bzw. Hochschulbildung (sogenannte „erste Schwelle") sowie der Übergang von der Ausbildung in die Sphäre der Berufsarbeit (sogenannte „zweite Schwelle"). Empirische Daten signalisieren, dass in Deutschland

- immer noch über 250 000 junge Menschen sich im sogenannten Übergangssystem befinden, in dem kein beruflicher Abschluss vermittelt wird (Autorengruppe Bildungsberichterstattung 2014, S. 98);
- circa 25 % der Jugendlichen ihre Berufsausbildung abbrechen (BMBF 2015, S. 52);
- circa 50 % aller Dreißigjährigen nicht mehr im erlernten Beruf arbeiten (Schier 2011, S. 9; vgl. auch den IAB Kurzbericht 2007).

Somit ist für eine adäquate Berufsorientierung nicht nur die erst- und einmalige Einmündung in eine Berufsausbildung bedeutsam, sondern auch der Umgang mit Umbrüchen im weiteren Berufsleben.

2. Das Konstrukt der berufsbiografischen Gestaltungskompetenz

Um den Anforderungen einer langjährigen, womöglich lebenslangen Berufswegeplanung gerecht zu werden und um ihre berufliche Entwicklung so weit wie möglich selbst in die Hand nehmen zu können, benötigen die Jugendlichen „berufsbiografische Gestaltungskompetenz". Das Konstrukt der berufsbiografischen Gestaltungskompetenz beinhaltet das Erkennen und Entwickeln der eigenen Interessen und Stärken im Verhältnis zu den gewählten bzw. auferlegten Anforderungen im Berufs- und Privatleben. Der Begriff der berufsbiografischen bzw. erwerbsbiografischen Gestaltungskompetenz geht auf Wolfgang Hendrich (2003) zurück. Hendrich (ebd., S. 14) verstand darunter „die Fähigkeit, Alternativen identifizieren und wahrnehmen sowie die eigenen Interessen vertreten zu können". Das sei „verknüpfbar mit einem umfassenden Verständnis von gestaltungsorientiertem Lernen, das mit einer stärkeren Orientierung auf eine aktive Gestaltung der eigenen Erwerbsbiographie Kompetenzerfahrungen ermöglicht und so das alte berufspädagogische Ziel der Mündigkeit in neuer Weise, als Befähigung zur Gestaltung der eigenen Lebensführung, einzulösen vermag" (ebd., S. 274). Das Subjekt ist in der Lage, sich an den wandelnden Arbeitsmarkt anzupassen und kennt und berücksichtigt dabei seine subjektiven Interessenlagen (Kaufhold 2004, S. 57).

Mit den „subjektiven Interessenlagen" ist ein weiteres wichtiges Erkennungsmerkmal des Konstrukts der berufsbiografischen Gestaltungskompetenz angesprochen: Es ist der Sachverhalt, dass das Subjekt nicht nur in seinem beruflichen, sondern auch in seinem außerberuflichen (privaten) Kontext betrachtet und dadurch anerkannt wird, dass diese beiden Bereiche eng miteinander verbunden sind und einander bedingen.

Im Rahmen der schulischen Berufsorientierung geht es meist um „Matching-Prozesse" (welcher Beruf ist der Passende für eine Person?). Das

Konzept der berufsbiografischen Gestaltungskompetenz beachtet darüber hinaus die Fähigkeit zur Reflexion des eigenen Handelns sowie der eigenen Standortbestimmung (Kaufhold 2009, S. 226).

Zum Untersuchungsgegenstand „berufsbiografische Gestaltungskompetenz" (bzw. „berufsbiografische Gestaltungsfähigkeit") liegen in Deutschland insbesondere aus den letzten 15 Jahren vereinzelt Forschungsergebnisse vor. Im Folgenden werden einige projektrelevante Ergebnisse dieser Forschungsbemühungen kurz dargestellt.

Im Anschluss an die Arbeit von Hendrich leitete Marisa Kaufhold (2004) daraus die folgenden sechs Dimensionen berufsbiografischer Gestaltungskompetenz ab:

- Umgang mit gesellschaftlichen Veränderungen und Diskontinuitäten
- Bewältigung von „inneren" und „äußeren" Flexibilitätsansprüchen und -anforderungen
- Bilanzieren und Reflektieren beruflicher Erfahrungen
- Im Rahmen berufsbiografischer Gestaltungskompetenz als notwendig postulierte Fähigkeiten/Fertigkeiten
- Wissen (insbesondere Erfahrungswissen)
- Motive zur selbstverantwortlichen Weiterentwicklung des Wissens und Könnens

In Anlehnung an den Kompetenzbegriff von Hendrich befasste sich Kaufhold (2004) auch mit den Möglichkeiten einer Messung berufsbiografischer Gestaltungskompetenz und kam dabei zu dem Schluss, dass es vorstellbar sei, einzelne Aspekte bzw. Elemente von berufsbiografischer Gestaltungskompetenz mithilfe standardisierter Verfahren zu erheben. Es muss bei einer solchen Messung aber berücksichtigt werden, dass diese Gestaltungskompetenz als offenes Konstrukt zu verstehen sei, da der „Erfolg" einer Erwerbsbiografie immer im Auge des Betrachters liegt.

Claudia Munz et al. entwickelten im Rahmen von zwei Modellversuchen (2000–2008)[3] das Konstrukt der „berufsbiografischen Gestaltungsfähigkeit". Der Ansatz umfasst vier Komponenten, die untrennbar miteinander in Zusammenhang stehen und die für die Bewältigung der Anforderungen in der modernen Arbeitswelt benötigt werden (vgl. Munz 2005):

Komponente 1: eigenständige Lernkompetenz (Erweiterung des eigenen Verständnisses von Lernen; Fähigkeit, den eigenen Lernbedarf zu erkennen und sich selbst Lernwege zu erschließen)

Komponente 2: umfassende Kompetenzorientierung (Entwicklung von Fähigkeiten, mit denen eigene – auch informell erworbene – Kompetenzen selbst erkannt und für andere sichtbar gemacht werden können)

Komponente 3: biografische Orientierung (Entwicklung eines prozessualen und biografisch orientierten Blicks auf die eigene Berufslaufbahn)

Komponente 4: Selbstpräsentation und Selbstmarketing (Aufbau von Fähigkeiten zur eigenständigen Positionierung auf dem Arbeitsmarkt)

Der Ansatz von Munz et al. wurde zwar für die berufliche Erstausbildung entwickelt, lässt sich aber sowohl in vorgelagerte Lebensbereiche (wie die allgemeinbildende Schule) als auch in nachgelagerte Bereiche (wie z. B. informelle Lernprozesse im Berufsleben) übertragen.

Ein Missverständnis, das bisweilen mit dem Begriff der berufsbiografischen Gestaltungskompetenz hervorgerufen wird, sollte jedoch aus unserer Sicht vermieden werden, nämlich ein Begriffsverständnis, das mit Karriere, beruflicher Sicherheit und beruflichem Aufstieg o. Ä. konnotiert ist: Mit dem Kompetenzbegriff ist meist eine bestimmte Vorstellung von „Können" verbunden, und es fragt sich, was jemand „kann", der über berufsbiografische Gestaltungskompetenz verfügt. Hier ist zunächst anzuerkennen, dass beruflich relevante Lebensereignisse wie strukturell bedingte Arbeitslosigkeit, prekäre Beschäftigung, Verlust

---

[3] Modellversuch „Lernkompetenz und Self-Marketing" (Akronym: flexibel), Laufzeit 9/2000 – 12/2002 und Modellversuch „Kompetenzen für die eigenständige und flexible Gestaltung der Berufslaufbahn" (Akronym: flexkom), Laufzeit 9/2004 – 8/2008.

eines Lebenspartners, Krankheiten etc. gar nicht ausschließlich durch ein einzelnes Individuum beeinflusst werden können und deshalb auch nicht ausschließlich eine Frage individueller Kompetenz sind. Ein interaktionistisches Verständnis beruflicher Sozialisation ist daher angebracht (Lempert 1998). Es ist eben jeder „seines Glückes Schmied", nur insofern und insoweit die Arbeits- und Lebensverhältnisse dies zulassen. Deshalb geht es darum, den Umgang der Individuen mit Problemsituationen im Erwerbsleben zu stärken, und nicht darum, manchen Individuen neben den objektiv vorhandenen Problemen auch noch berufsbiografische Inkompetenz zu attestieren. Ganz ähnlich hat Wolfgang Wittwer (2011, S. 114) bei dem von ihm geprägten Begriff der „Veränderungskompetenz" gefordert, die Jugendlichen wie die Erwachsenen auf Wechsel und Veränderungen vorzubereiten und dabei an den individuellen Stärken und Schwächen anzusetzen. Mit dem Begriff der berufsbiografischen Gestaltungskompetenz ist die Gewinnung von subjektiv bedeutsamem Handlungspotenzial („subjektiv gewonnenes Handlungspotential" (Zimmer 2008, S. 2)) angesprochen und keineswegs unterstellt, dass jeder bei „den oberen Zehntausend" ankommen kann (was bei 80 Millionen Menschen in Deutschland ja auch ein Ding der Unmöglichkeit wäre).

3. Berufsbiografische Gestaltung als Bearbeitung von Entwicklungsaufgaben

In dem hier explizierten Verständnis von berufsbiografischer Gestaltungskompetenz wird angenommen, dass sich jungen Menschen in der heutigen Gesellschaft objektiv Aufgaben stellen, nämlich Entscheidungen im Hinblick auf die Berufs- oder Studienwahl, die Wahl von Partnerinnen oder Partnern, Wohnorten, Familienverhältnissen etc. zu treffen. Die „Lösungen" für diese Aufgaben sind jedoch nicht gegeben, sie sind nicht richtig oder falsch, sondern Resultat eines ergebnisoffenen Prozesses, dessen Verlauf mit strukturellen Arbeits- und Lebensbedingungen ebenso zu tun hat wie mit subjektiven Interessen.

Diese Einsicht korrespondiert mit dem Konzept der Entwicklungsaufgaben (nach Havighurst 1948, siehe Oerter/Dreher 2008). Bei Entwicklungsaufgaben handelt es sich um Aufgaben, von denen angenommen wird, dass sie sich einem Menschen im jeweiligen Lebensabschnitt (z. B. Kindheit, Jugend) prinzipiell stellen und die deshalb in irgendeiner Weise bearbeitet werden müssen, um das Leben in der jeweiligen Phase zu meistern. Solche Entwicklungsaufgaben sind beispielsweise im Jugendalter der Aufbau eines Freundeskreises, die Ablösung von den Eltern, das Finden eines Berufszieles etc.

Das Konzept der Entwicklungsaufgaben von Havighurst ist sowohl in der Pädagogik/Berufspädagogik als auch in der Entwicklungspsychologie aufgenommen und adaptiert worden. In der Entwicklungspsychologie wurde das aus den 1940er-Jahren stammende Konzept von Oerter/Dreher (2008) grundlegend überarbeitet, denn Entwicklungsaufgaben sind kulturspezifisch und historisch veränderlich (man denke daran, dass die Art und Weise, wie Partnerschaft gelebt wird – eine der zentralen Entwicklungsaufgaben für junge Erwachsene –, zwischen traditioneller Familiengründung nach dem zweiten Weltkrieg und moderner „Homo-Ehe" einen spürbaren Bedeutungswandel erfahren hat). Daher haben Oerter und Dreher versucht, das Konzept an die veränderten beruflichen und lebensweltlichen Bedingungen der heutigen Zeit anzupassen. Entwicklungsaufgaben im Jugendalter sind nach Oerter und Dreher (2008, S. 271–332):

- Beruf: Gedanken und Entscheidungen zur eigenen beruflichen Entwicklung;
- Peer: einen Freundeskreis aufbauen;
- Rolle: gesellschaftlich erwartetes Rollenverhalten annehmen (Erwachsenenrolle, Geschlechtsrolle);
- Beziehung: eine Beziehung aufbauen;
- Ablösung/Autonomie: von den Eltern sowie emotionale Unabhängigkeit erlangen;
- Partnerschaft/Familie/Kinder: Vorstellungen entwickeln, wie man Familie/Partnerschaft gestalten möchte;
- Selbst: Klarheit über sich selbst gewinnen (wie sehen mich andere und wer bin ich?);
- Werte: eigene Wertanschauung entwickeln;

- Zukunft: Zukunftsperspektive entwickeln, Leben planen, (realistische) Ziele ansteuern;
- Schule: Erwerb schulischer Leistungen;
- Politik: Ausbildung einer politischen Orientierung;
- Körper: Veränderungen an Körper und Aussehen akzeptieren.

Entwicklungsaufgaben sind aus Sicht der Entwicklungspsychologie von zentraler Bedeutung, denn sie erklären „Entwicklung nicht nur als Resultat vergangener Ereignisse, sondern aus vorweggenommenen, zukünftigen Geschehnissen. Die Vorwegnahme zukünftiger Ereignisse, auch solcher in ferner Zukunft, ist ein entscheidender Motor menschlicher Entwicklung" (Oerter 1998, S. 121). So verstanden werden mit dem Konzept der Entwicklungsaufgaben nicht nur Einflussfaktoren auf die Entwicklung von jungen Menschen thematisiert, sondern gleichermaßen die Frage, welche Vorstellungen Jugendliche von ihrem Leben entwickeln und wie sie dieses dann „in die Hand nehmen". Damit ist das Konzept der Entwicklungsaufgaben anschlussfähig an pädagogisches Handeln.

Entwicklungsaufgaben ergeben sich einerseits aus biologischen Reifungsprozessen, wie z. B. der Pubertät. Andererseits sind sie kultur- bzw. gesellschaftsspezifisch und leiten sich aus gegebenen gesellschaftlichen Anforderungen ab. Die Berufswahl als Entwicklungsaufgabe spielt in der deutschen Gesellschaft mit der zentralen Institution des Ausbildungsberufs eine andere Rolle als z. B. in den angelsächsischen Ländern, in denen das temporäre Ergreifen von „Jobs" einen bedeutenderen Stellenwert hat. Auch unterscheidet sich der Grad der normativen Regulierung zwischen einzelnen Entwicklungsaufgaben. Der Beginn und das Verlassen der Schule unterliegt in Deutschland und anderen Industriestaaten über die Schulpflicht einer vergleichsweise starken Regulierung, der Aufbau eines Freundeskreises hingegen nicht. Da persönliche und soziale Ressourcen der betroffenen Menschen und ihrer Bezugspersonen, ihre Bedürfnisse, Selbstkonzepte, Lebensprojekte, Wertorientierungen etc. individuell unterschiedlich sind, treten die einzelnen Entwicklungsaufgaben – trotz ihrer allgemeinen Formulierung – nicht automatisch bei allen Mitgliedern eines kulturellen Systems in derselben Form auf, sondern beziehen sich immer auf die individuellen Lebensläufe (Oerter/Dreher 2008).

Auch in der deutschen Pädagogik/Berufspädagogik wurde das Konzept der Entwicklungsaufgaben in den 1970er-Jahren aufgegriffen, und zwar in dem sehr bekannt gewordenen Kollegschulprojekt Nordrhein-Westfalens zur Gestaltung und Evaluation von doppel-qualifizierenden Bildungsgängen, insbesondere zur Ausbildung von Erzieherinnen und Erziehern. Andreas Gruschka (1985), der dieses Projekt neben Herwig Blankertz und anderen wissenschaftlich begleitete, formulierte den Stellenwert von Entwicklungsaufgaben paradigmatisch folgendermaßen (zitiert nach Karsten 2005, S. 501): „Der Lehrer soll den Lernenden helfen, ihre Entwicklungsaufgaben zu lösen, nicht mehr – aber auch nicht weniger."

Der Kollegschulversuch bestand u. a. in einer Längsschnittstudie, in der die Kompetenzentwicklung der Lernenden über den gesamten Bildungsgang hinweg evaluiert wurde. Insgesamt erstreckte sich das Projekt über einen elfjährigen Forschungs- und Entwicklungsprozess (Karsten 2005, S. 502). Für unseren Kontext sind im Wesentlichen drei Merkmale dieses Projekts bedeutsam (vgl. Gruschka 1985):

Über Entwicklungsaufgaben sollte eine Verbindung von beruflicher und allgemeiner Bildung erreicht werden, d. h. berufsqualifizierender Abschluss und Erlangung der Fachhochschulreife für die teilnehmenden Schülerinnen und Schüler.

Über Entwicklungsaufgaben sollte eine umfassende Kompetenzentwicklung der Schülerinnen und Schüler angeregt werden, die fachliche Kompetenzen und Persönlichkeitsentwicklung miteinander verbindet.

Anhand sogenannter nachgestellter Entwicklungsaufgaben wurde evaluiert, inwieweit es den Teilnehmenden gelang, die angestrebte Kompetenz- und Persönlichkeitsentwicklung zu vollziehen, z. B. als Erzieher/-in die Berufsrolle zu übernehmen, die späteren Adressaten adäquat wahrzunehmen, ein angemessenes Konzept pädagogisch-praktischen Handelns zu entwickeln und dieses zu professionalisieren.

Mit anderen Worten: Mit dem Kollegschulprojekt in Nordrhein-Westfalen wurde postuliert, dass Entwicklungsaufgaben der entscheidende Hebel sein könnten, berufliche und persönliche Entwicklung, berufliche und allgemeine Bildung miteinander zu verknüpfen.

Auch später noch ist in der Bildungsgangforschung, z. B. im Hamburger Graduiertenkolleg für Bildungsgangforschung (vgl. Trautmann 2004a), das Konzept der Entwicklungsaufgaben adaptiert worden. Dabei wurde bisweilen an Havighurst kritisiert (z. B. Trautmann 2004b, S. 26 ff.; Hahn 2004, S. 172 ff.), dass sein Konzept der Entwicklungsaufgaben strukturfunktional sei, also bestehende Normen und Werte als Maßstäbe für die Anpassung der Individuen verabsolutiere. Stattdessen wurde darauf insistiert, „allein die Heranwachsenden als diejenigen anzusehen, die sich ihre Entwicklungsaufgaben selbst setzen" (ebd., S. 175). Dieser Kritik ist insofern zuzustimmen, als jeder Mensch eine Entwicklungsaufgabe erst einmal selbst erkennen und zu seiner Sache machen muss. Dies besagt schon der Begriff der „Aufgabe". Was das für das Subjekt bedeutet, darauf ist im Rahmen der Kritischen Psychologie Mitte der 1970er-Jahre zutreffend hingewiesen worden:

„Eine Aufgabe liegt vor, wenn ein Subjekt die Erreichung eines Ziels unter gegebenen Bedingungen ideell vorwegnimmt und sich der Notwendigkeit der Erreichung dieses Ziels bewußt ist. In der Aufgabe betrachtet man also die einzelne Tätigkeit vom Standpunkt ihres Anfangs aus und antizipiert das Ziel in entfalteter Form. Aufgaben sind in diesem Sinn entfaltete Ziele" (Seidel 1976, S. 54; vgl. auch Holzkamp 1973, S. 122 f.).

Die Entfaltung der Ziele einer Aufgabe schließt ein, dass das Subjekt die Mittel zur Zielerreichung antizipierend bestimmt.

„Zielsetzungen als Antizipationen schließen immer das Erkennen der Unzulänglichkeiten eines gegebenen Zustands zugleich mit den Mitteln seiner Überwindung ein; ohne Erkennen der Unzulänglichkeit des Ist-Zustandes besteht keine subjektive Notwendigkeit der Veränderung des Zustandes, ohne Erkennen der Mittel zu seiner Veränderung keine subjektive Möglichkeit zur Veränderung, also auch keine Zielsetzung, die die wahrgenommene Realisierungsmöglichkeit impliziert" (Holzkamp-Osterkamp 1975, S. 238).

Jedoch setzen sich die Heranwachsenden ihre Entwicklungsaufgaben und die damit verbundenen Ziele auch nicht „allein" im Sinn von „völlig autonom", sondern sie sind mit gesellschaftlichen Notwendigkeiten (wie der Schulpflicht oder später des Broterwerbs) und z. T. unterschiedlichen/widersprüchlichen Erwartungen an ihre Person durch Familie, Schule und Peergroup konfrontiert, zu denen sie sich verhalten müssen. Barbara Schenk (2001, S. 263) hat diesen Zusammenhang folgendermaßen formuliert:

„Entwicklungsaufgaben entstehen aufgrund nicht-hintergehbarer gesellschaftlicher Anforderungen, mit denen sich Menschen auseinandersetzen müssen, die sie aber eigen-sinnig oder vorgegebenen Mustern folgend deuten und bearbeiten können und in deren Bearbeitung sie sich entwickeln."

Lehnt man sich an das Konzept der Entwicklungsaufgaben im Sinn eines solchen Spannungsfeldes von Selbst- und Fremdbestimmung an, ist es eine Aufgabe der schulischen Berufsorientierung, die bereits vorhandenen individuellen Voraussetzungen bei den Schülerinnen und Schülern als Ausgangspunkt der Berufswegeplanung zu nehmen und dadurch ihre Chancen auf eine subjektiv befriedigende Gestaltung der eigenen Berufsbiografie zu erhöhen. Gleichzeitig sollten die Schülerinnen und Schüler sich damit beschäftigen, welche Entwicklungsaufgaben in Form von konkreten Problem- und Fragestellungen sich im Laufe ihrer (Berufs-)Biografie ergeben und wie sie angemessen darauf reagieren können. Hier zeigt die empirische Forschung einen positiven Zusammenhang zwischen Bedeutsamkeit und Bewältigungsfortschritt bei neun von zehn Entwicklungsaufgaben: Jugendliche erkennen die Bedeutung von Entwicklungsaufgaben umso mehr an, je intensiver sie sich mit ihnen auseinandersetzen bzw. je weiter sie in der Bewältigung fortgeschritten sind (Lechte/Trautmann 2004, S. 78). Dies bedeutet, dass die explizite Befassung mit Entwicklungsaufgaben vermutlich die Kompetenz der Schülerinnen und Schüler stärkt, solche Aufgaben auch im realen Leben besser bewältigen zu können.

4. Prinzipien eines Lehr-/Lern-Arrangements zur Förderung berufsbiografischer Gestaltungskompetenz

Ziel des von uns zu entwickelnden Lehr-/Lern-Arrangements war es, Jugendliche auf einen möglichst kompetenten Umgang mit Umbrüchen in ihrem Berufs- und Privatleben vorzubereiten. Zu diesem Zweck sollten die Schülerinnen und Schüler mit beruflich relevanten Lebenssituationen konfrontiert werden, die sie in der Lebensspanne zwischen 15 und 30 Jahren möglicherweise gegenwärtigen müssen und zu denen sie sich verhalten sollen. Um den unterschiedlichen Ausgangssituationen der Schülerinnen und Schüler gerecht zu werden, entstanden so im Rahmen der Projektlaufzeit vier Versionen eines interaktiven Brettspiels „My Way! Finde deinen Weg": nämlich für Schülerinnen und Schüler der Realschulen, der Werkrealschulen/Hauptschulen, der beruflichen Schulen (z. B. Vorqualifizierungsjahr Arbeit/Beruf, Berufsfachschule Pädagogische Erprobung) sowie der beruflichen Schulen plus (z. B. zweijährige Berufsfachschule). Empirische Vorarbeiten, wie Beobachtungen und Befragungen der Schülerschaft sowie Lehrkräfte unterstützten die Entwicklungsphase von „My Way!". Die bisherige Resonanz der Beteiligten zu dem Lehr-/Lern-Arrangement ist durchweg positiv, was die Ergebnisse der Erprobungen in den unterschiedlichen Schulformen verdeutlichen. „My Way!" soll die Entwicklung berufsbiografischer Gestaltungskompetenz in der Berufseinmündungsphase unterstützen und fördern, damit Statuspassagen und Risikolagen im Verlauf des Berufslebens (besser) gemeistert werden können. Ein erster Schritt hierzu ist es, die jungen Menschen dafür zu sensibilisieren, mit welchen konkreten Problem- und Fragestellungen sie im Laufe ihrer Erwerbsbiografie konfrontiert werden und wie sie darauf reagieren können.

4.1 Vorbereitung und Durchführung des interaktiven Würfelspiels „My Way!"

Das interaktive Würfelspiel wird jeweils in Gruppen von fünf bis sechs Schülerinnen und Schülern gespielt. Die benötigte Zeit beträgt mindestens 50 Minuten, wobei für die Vorbereitung, Durchführung und Nachbereitung von „My Way! Finde deinen Weg" 90 Minuten empfohlen werden. Intention des Spiels ist es, die Jugendlichen anzuregen, über derzeitige und mögliche künftige Lebensumstände nachzudenken. Auf diese Weise lernen sie sich selbst besser kennen und können ihre eigene Stärken, Schwächen, Interessen, ihr vorhandenes Wissen und ihre Fähigkeiten wie auch Wissenslücken spielerisch entdecken. In „My Way!" werden sie mit möglichen Stationen und Ereignissen ihres zukünftigen Lebens konfrontiert und lernen gemeinsam, individuelle Handlungsmöglichkeiten zu erarbeiten. Die selbsttätige Auseinandersetzung mit verschiedenen Entwicklungsaufgaben in der Altersgruppe von ca. 15 bis 30 Jahren steht im Mittelpunkt. Diese Aufgaben sind – vorrangig aus spielorganisatorischen Gründen – zu den sechs Entwicklungsbereichen „Beruf", „Schule", „Familie", „Freundschaft", „Partnerschaft" und „Mein Wohlergehen" zusammengefasst worden.

Abb. 1: „My Way! Finde deinen Weg – das Brettspiel für Werkrealschulen"

Die Aufgaben sind in unterschiedlichen Spielformen „verpackt" – je nach Spielversion kommen fünf bis acht Spielformen zum Einsatz. Die Spielformen erstrecken sich von rasch lösbaren Aufgaben (z. B. Ratefrage) bis zu komplexeren Spielformen (z. B. Rollenspiel), die eine intensive Auseinandersetzung der Jugendlichen mit der jeweiligen Thematik erforderlich machen. Für die Bewältigung der Aufgaben werden sogenannte „Erfahrungspunkte" vergeben, die dann später im „Nachdenkbogen" (siehe Kapitel 4.2), der als Reflexionsinstrument fungiert, wieder aufgegriffen werden können. Die Farben der Erfahrungspunktechips stimmen mit den sechs Entwicklungsaufgabenbereichen überein. Im Fokus des Lehr-/Lern-Arrangements stehen der Umgang mit der Berufsbiografie sowie die entsprechende Reflexion. Bei der Spielkonzeption wurde darauf geachtet, dass die Spielformen den Jugendlichen bereits bekannt oder leicht anzueignen sind und der Spielablauf selbsterklärend ist: reihum würfeln, Karte ziehen, Aufgabe bearbeiten, Vergabe von Erfahrungspunkten, Punktevergabe. Die würfelnde Person übernimmt die Rolle der Spielleitung und ist somit u. a. für die Zeitüberwachung und Punkteverteilung verantwortlich. Eine Zuordnung von Entwicklungsaufgabenbereich (z. B. „Beruf") zur passenden Erfahrungspunktfarbe (z. B. grün) ist anhand des Rahmens der jeweiligen Textseite der Spielkarten oder der Spielbrettmitte erkennbar und kann so mithilfe des Nachdenkbogens resümiert werden (siehe Kapitel 4.2).

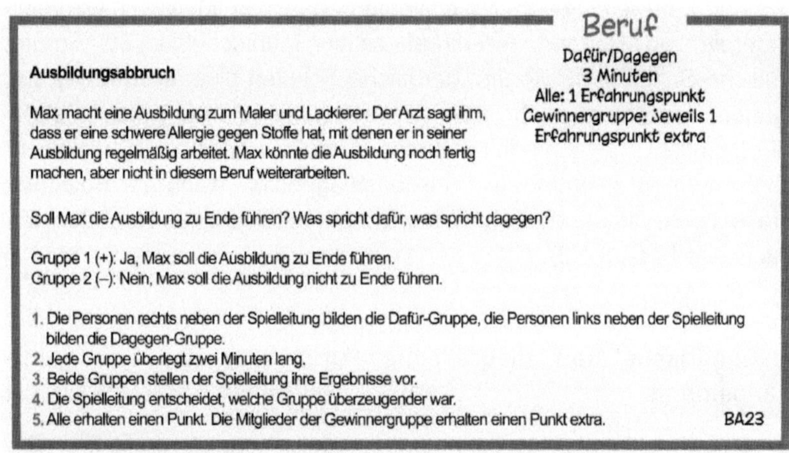

Abb. 2: Spielkarte „Ausbildungsabbruch" aus dem Spiel für die Werkrealschulen

Über die Spielformen werden verschiedene Thematiken gemäß den oben genannten Entwicklungsaufgabenbereichen angesprochen. Beispielsweise werden die Schülerinnen und Schüler mit beruflichen Entscheidungssituationen konfrontiert wie „Ausbildungsabbruch" (siehe Abb. 2), worüber sie in den Spielgruppen diskutieren. Die Jugendlichen lernen den Umgang mit beruflichen Konfliktsituationen kennen, die teilweise mit privaten Gegebenheiten verknüpft werden, wie zum Beispiel dem Spagat zwischen anstehenden Abschlussprüfungen und dem Wunsch des Partners, gemeinsam Zeit zu verbringen. Die Spielenden können Unterhaltungen führen und/oder sich Argumente für oder gegen verschiedene Verhaltensweisen überlegen, beispielsweise bei Schwierigkeiten mit dem Chef oder bei Streitigkeiten unter Kollegen oder Schulkameraden. Vorstellungs- oder Beratungsgespräche in diversen Situationen, etwa „die Berufsberatung der Agentur für Arbeit in Anspruch nehmen" oder ein „Beratungsgespräch mit der Lehrkraft führen", können in Form von Rollenspielen geübt werden. Durch die Ratefragen soll der Wissensstand der Schülerinnen und Schüler erhöht sowie die darin angesprochenen Themen mehr in den Fokus gerückt werden, zum Beispiel Rechte und Pflichten in der Ausbildung (Bereich „Beruf"), durchschnittliches Heiratsalter (Bereich „Familie"), Vereinbarkeit von Beruf und Familie (Bereich „Mein Wohlergehen"). In „My Way!" wird eine Bandbreite an Berufen (Werkrealschulen/Hauptschulen: 80 Berufe; berufliche Schulen: 59 Berufe; berufliche Schulen plus: 80 Berufe) aufgegriffen, darunter auch weniger bekannte Berufe wie „Polsterer/Polsterin", „Fotomedienfachmann/-frau" oder „Medizinisch-technische/-r Assistent/-in für Funktionsdiagnostik". Nach der Spielphase reflektieren die Jugendlichen das Erlebte mithilfe eines Nachdenkbogens (siehe Kapitel 4.2).

4.2 Empirische und theoretische Fundierung des Lehr-/Lern-Arrangements

Bei der Entwicklung eines Kompetenzmodells berufsbiografischer Gestaltung ist man mit der Schwierigkeit konfrontiert, dass Kompetenzmodelle häufig normativ motiviert sind (je nach den „Orientierungen" ihrer Urheber) und daher mitunter beliebig erscheinen. Dabei ist zunächst zu prüfen, ob nicht auch empirische Daten für die Konstruktion von Kompetenzmodellen herangezogen werden können. Als weitere Quelle bei der Entwicklung des Konstrukts der berufsbiografischen Gestaltungskompetenz und seiner Umsetzung in ein didaktisches Konzept zur Berufsorientierung wurden von uns Daten aus dem Archiv für Lebenslaufforschung (ALLF), heute „Qualiservice"[4] der Universität Bremen, ausgewertet.

---

[4] Weiterführende Informationen unter

Zur Brettspielentwicklung wurden Daten aus dem Sonderforschungsbereich 186 der Deutschen Forschungsgemeinschaft (DFG) „Statuspassagen und Risikolagen im Lebensverlauf" der Universität Bremen (2000) für eine Sekundäranalyse herangezogen (vgl. Fischer et al. 2015a, b), wobei insbesondere die Längsschnittuntersuchung „Statuspassagen in die Erwerbstätigkeit" mit mehr als 300 transkribierten Interviews genauer betrachtet wurde. In diesem Teilprojekt des DFG-Sonderforschungsbereichs wurden junge Menschen in drei Erhebungswellen (1989–1995) zu ihren Erfahrungen in den Lebensabschnitten Berufsfindung, Berufsausbildung sowie die ersten Jahre in ihrem Berufsleben befragt (vgl. Witzel/Kühn 1999). Die Leitfadeninterviews enthielten auch Fragen zu ihren persönlichen Lebensumständen und Zukunftsplänen. Demnach zeigen die Daten nicht nur Gründe für die Wahl eines Berufes auf, sondern nehmen die gesamte Berufseinmündungsphase inklusive persönlicher Lebensumbrüche in den Blick. Die Sekundäranalyse der Daten ergab, dass die beruflichen Entscheidungen der Interviewten eng mit deren persönlichen Erlebnissen zusammenhingen, etwa Veränderungen in der Familie, in der Partnerschaft oder Freundschaft sowie einer Wende des persönlichen Wohlergehens (z. B. Krankheit). Für das Brettspiel „My Way!" wurden die Ergebnisse – chronologische Zusammenfassungen der ursprünglichen Interviews in Form biografischer Kurzprotokolle – für die Formulierung von Spielkartentexten genutzt. Im Mittelpunkt stand hierbei die Frage „Mit welchen beruflichen und lebensweltlichen Aufgaben werden junge Menschen in der Berufseinmündungsphase konfrontiert?" (vgl. ebd., S. 53).

Ein solches Kurzprotokoll ist nachfolgend abgebildet (siehe Abb. 3). An diesem Beispiel („Michael") soll nun gezeigt werden, inwiefern die biografischen Daten der Befragten in das Spiel mit einflossen. Michael (Jahrgang 1969) ist während der drei Befragungszeitpunkte 21, 23 und 26 Jahre alt. Zu Beginn der Längsschnittstudie absolviert er eine Ausbildung zum Maschinenschlosser. Aufgrund einer Allergie bereitet der Ausbildungsberuf allerdings keine Freude. In „My Way!" wird dieser gesundheitliche Aspekt im Zusammenhang mit der Thematik „Ausbildungsabbruch" aufgegriffen (siehe Abb. 2).

---

http://www.qualiservice.org/index.php?id=40 (aufgerufen am 15.09.2014).

WELLE 1, 1990 → Hauptschule (22 Seiten)

- Michael ist über die Berufsberatung an seinen Ausbildungsberuf gekommen. Zuvor wusste er gar nicht, was er machen soll (im weitesten Sinne was mit KFZ, aber „weniger dreckig") (Z.26ff, 50-52).
- Nach nur einem Vorstellungsgespräch (aus ca. zehn Bewerbungen) erhält er zwei Wochen später als einziger Auszubildender in diesem Betrieb eine Zusage (noch bevor ein weiteres laufen kann). Hätte das nicht geklappt, so wäre er weiter auf die Schule (Handelsschule) gegangen (Z. 135ff).
- Er muss als Auszubildender „die Scheißarbeit" der anderen ausbügeln und schafft es nur langsam, sich hochzuarbeiten (Z.255ff). Jedoch war es dann im Gesamten ganz ausgeglichen (Z.272).
- Im letzten Jahr hat er plötzlich keine Lust mehr auf den Beruf und will aufhören. Der Vater schafft es, ihn zu motivieren, damit er was in der Hand hat (Z.276ff).
- Gründe der Unlust könnten die Allergie gegen die Fette (Z.310ff), Metallstaub und Gestank (Z.333ff) sein.
- Eigentlich weiß er von Anfang an, dass er nach der Ausbildung nicht bleiben wird (Z.538ff. & früher)
- Er macht seine Mittlere Reife neben dem Zivildienst (Pflegeheim) in einer Abendschule nach (Z.577ff).
- Danach will er nur jobben, um Geld zu verdienen und den Abschluss zu machen. Anschließend plant er eine weitere Ausbildung („irgendwas im Büro"; er weiß noch nicht was) (ff).

WELLE 2, 1992 → Mittlere Reife (42 Seiten)

- Nach der Mittleren Reife (Abschluss mit 2,3) entscheidet er sich dafür, sein Abitur nachzuholen, ebenfalls an einer Abendschule. Er arbeitet nebenher, um sich selbst zu finanzieren (Z.21ff). [AS]
- Es ist nicht ganz einfach, neben der Schule ausreichend zum Leben zu verdienen. Auch der Leistungsanspruch ist höher als auf der Realschule. Zudem muss er seine Bücher selbst finanzieren (860ff). [BT] [AS] [MW]
- Aufgrund der hohen Arbeitsbelastung leiden seine Freundschaften (Z.897ff). [F]
- Er geht davon aus, im Anschluss an das Abitur zu studieren; weiß allerdings nicht was. Die Idee Industriekaufmann zu werden, hat er zwischenzeitlich verworfen; er zählt verschiedene Studiengänge auf... (Z.1010ff → lang!). [AS] [HS]

WELLE 3, 1995 → Abitur (63 Seiten)

- In seinem Nebenjob (Fahrdienst), wird er aufgrund seiner guten Mitarbeit zunehmend ausgenutzt, indem ihm immer mehr Arbeit zugetragen wird. So bewirbt er sich beim Fernmeldeamt und bekommt die Stelle. Abends kann er weiter zur Schule gehen (Z.30ff, 140ff). [BT] [MW] [AS]
- Er hätte gerne ein internes Studium zum Fernmeldeinspektor gemacht (Dauer: 3 Jahre zum gehobenen Dienst), jedoch wird das Unternehmen zur Aktiengesellschaft und bildet nicht mehr selbst aus (Z.390ff). Er arbeitet in der Personalstelle und kennt sich somit im Bereich der Weiterbildungen aus (Z.413ff). [BT] [WB]
- Er muss mit dem Neid der Kollegen klarkommen; teils besteht die Aussage, dass er Schulgeld zahlen soll und das Abendgymnasium nicht aus Steuergeldern finanziert werden soll (Z.636ff).
- Er kommt an seine Grenzen, er ist „lernmüde" und fragt sich, warum er sich das antut (Z.845ff). [AS]
- Seine Partnerschaft muss leiden, jedoch hat seine Freundin Verständnis; seine Beziehung hält bereits seit drei Jahren. Viele Partnerschaften im Umfeld sind in die Brüche gegangen (Z.978ff). [P]
- Seine Freundin hat keine Ambitionen, sich weiterzubilden (Z.1065ff). [P] [WB]
- Beide wohnen seit zwei Jahren zusammen, finanzieren zwar den Haushalt gemeinsam, haben aber getrennte Konten (Z.1322ff). [P] [MW]
- Die Freundin will heiraten, er noch nicht. Zunächst möchte er seine Schule abschließen und dann weitersehen, ob er zu studieren beginnt oder arbeiten wird (Z.137ff). Er ist katholisch, sie evangelisch; er befürchtet, dass es diesbezüglich Auseinandersetzungen geben könnte (Z.1435ff). [P] [FA] [BT] [HS]
- Er möchte sehr gerne Kinder haben, aber lieber erst in fünf Jahren, seine Freundin gerne früher. Kinder sind ihm wichtig (Z.1735ff). [FA] [P]
- Er ist der Meinung, dass Erziehung die Sache der Mutter sei. Beide wünschen sich die klassische Rollenverteilung: Er geht arbeiten, sie bleibt zuhause mit Haushalt und Kind. (Z.181ff). [P] [FA]
- Er empfindet das Lernen jetzt viel intensiver, da er es freiwillig tut, als wenn er das Abitur damals gleich gemacht hätte (Z.2023ff). [AS]

Abb. 3: Kurzprotokoll „Michael" (aus Kampa 2013, S. 95)

In Michaels Fall kann ihn sein Vater davon überzeugen, die Ausbildung dennoch abzuschließen. Zum zweiten Erhebungszeitpunkt berichtet Michael, dass er den Realschulabschluss sowie die allgemeine Hochschulreife nachgeholt hat. Er ist einer hohen Arbeitsbelastung ausgesetzt, welche sich nachteilig auf seine Freundschaften auswirkt.

Im Spiel wird die Schwierigkeit, das berufliche und private Leben in Balance zu halten, mehrfach aufgegriffen. Die Jugendlichen können etwa darüber diskutieren, welche Vor- und Nachteile „Schichtarbeit" mit sich bringt (z. B. Nachtzuschlag versus Vernachlässigung der Freundschaften). Im weiteren Berufsleben wird Michael mit dem Neid seiner Kollegen konfrontiert (siehe Abb. 5). Auch privat setzt er sich mit Meinungsverschiedenheiten auseinander: Seine Freundin möchte gerne heiraten und Kinder bekommen, er plant die Familiengründung erst später (siehe Abb. 4).

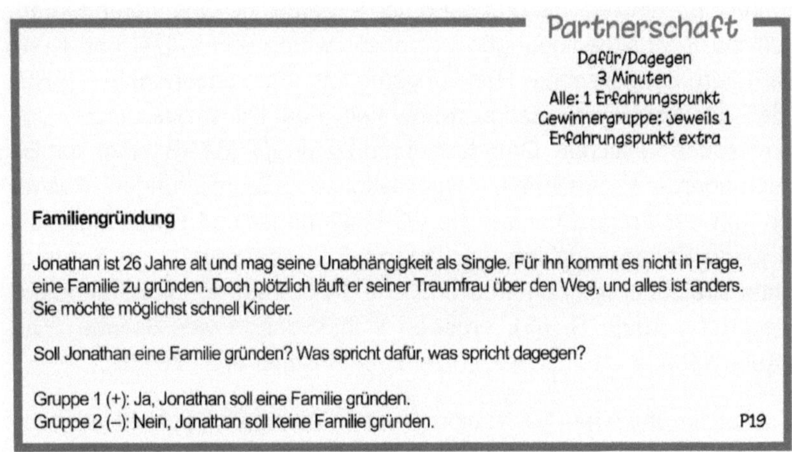

Abb. 4: Spielkarte „Familiengründung" aus dem Spiel für Werkrealschulen

Anhand der Beispielspielkarten ist erkennbar, dass die Aufgaben in „My Way!" realweltbezogen und handlungsorientiert sind. Die Interviewten der Längsschnittstudie sahen sich mit den formulierten Spielaufgaben tatsächlich oder auf ähnliche Weise in ihrem Leben konfrontiert. Die Jugendlichen werden nun im Spiel angeregt, sich in solche Lebenssituationen hineinzudenken und Handlungsstrategien zu entwickeln.

Unsere Sekundäranalyse stellt einen wichtigen Baustein bei der Entwicklung des Konstrukts der berufsbiografischen Gestaltungskompetenz (sowie des entsprechenden didaktischen Konzepts) dar, weil so reale Situationen und Problematiken als Vorlage genutzt werden konnten. Bemerkenswert ist die in vielen Interviews zum Ausdruck kommende enge Verbindung von beruflichen Entscheidungen mit privaten Ereignissen, z. B. in der Partnerschaft, in der Familie, im Freundeskreis und im Gesundheitsbereich.

Neben den in den Interviews beschriebenen beruflich relevanten Lebenssituationen in der Berufseinmündungsphase wurde ein weiteres Ergebnis aus dem damaligen DFG-Sonderforschungsbereich für ein (vorläufiges) Kompetenzmodell berufsbiografischer Gestaltung genutzt und weiterentwickelt: Um zu untersuchen, wie Akteure Handlungsspielräume wahrnehmen, wie sie mit den Möglichkeiten und Grenzen innerhalb ihrer Berufsbiografie umgehen sowie berufliche Orientierungen auf berufliche Kontextbedingungen beziehen, wurde von Witzel und Kühn (1999) ein heuristisches Handlungsmodell, das sogenannte BARB-Modell der Selbstsozialisation, entwickelt, das auf sozialisations- und lebenslauftheoretischen Grundannahmen aufbaut. BARB steht für Bilanzierungen – Aspirationen – Realisationen – Bilanzierungen. Ausgehend von der Frage, „mit welchen Orientierungs- und Handlungsmustern junge Erwachsene ihre beruflichen Statuspassagen und Karriereschritte strukturieren und für deren Verlauf Verantwortung übernehmen" (Witzel/Kühn 1999, S. 53), ergeben sich folgende vier Schritte (Witzel/Kühn 1999, S. 16; Fischer/Witzel 2008; Fischer et al. 2015b):

- Bilanzierung eines berufsbiografischen Abschnitts, d. h. individuelle Bewertung von Entscheidungs- und Handlungsfolgen, Kontexterfahrungen (Sinnzuschreibungen);

- Aspirationen (aus Handlungsbegründungen): Ansprüche, Interessen, Motivation, Handlungsentwürfe, Planungen;

- Realisationen: Aussagen über und Umsetzung von konkreten Handlungsschritten gemäß Aspirationen, Augenmerk auf Chancen und Restriktionen;

- Bilanzierung (erneute Sinnzuschreibungen der bereits erfolgten Handlungen).

134

Mittels des Modells lassen sich berufsbiografische Handlungen systematisch analysieren; es schafft einen rekonstruktiven Zugang zu den Handlungen der Akteure und ihren hiermit individuell verbundenen Sinnzuschreibungen. Im Fokus stehen Statuspassagen, welche mit einem erhöhten Entscheidungs- und Reflexionsbedarf seitens der biografischen Akteure einhergehen. Aufgrund dessen werden berufsbiografische Orientierungen und Geschehnisse speziell in Übergangssituationen rekonstruiert und verschiedenen Stationen des Lebenslaufs der Akteure zugeordnet. Als mögliche Lebenslaufstationen sind exemplarisch die Suche eines Arbeitsplatzes, Phasen der Arbeitslosigkeit wie auch berufliche Umschulungen zu nennen. Diese Phasen können von unterschiedlicher Dauer und Intensität sein. Die Logik des Modells der Selbstsozialisation lässt sich auch didaktisch nutzen. Wie dies konkret aussehen kann, wird nachfolgend erläutert.

Im Rahmen von „My Way!" kommt eine aufgabenorientierte Fassung des BARB-Modells zum Einsatz: Die Interaktion von Individuum und Umwelt im Kontext beruflicher Sozialisation wird erfasst und didaktisch transformiert. Die vier o. g. Schritte können als Aufgabenzyklus der (vor)beruflichen Sozialisation betrachtet werden, dem sich die Heranwachsenden nicht nur in der Schule, sondern auch im späteren Leben häufiger stellen werden. So steht der einzelne Schüler/die einzelne Schülerin immer wieder vor den Fragen:

Wo stehe ich? (Bilanzieren)

Wo will ich hin? (Aspiration entwickeln)

Wie kann ich das umsetzen/mein Ziel erreichen? (Aspiration realisieren)

Was hat das für mich gebracht? (erneutes Bilanzieren)

Die aufgabenorientierte Fassung des BARB-Modells findet sich im Brettspiel „My Way!" mehrfach wieder. In gleicher Weise, wie die Jugendlichen im Laufe ihres Lebens wohl regelmäßig die vier genannten Schritte (vielleicht eher implizit) durchlaufen, so werden sie nun in Form der einzelnen Aufgabenkarten mit diesen Schritten explizit konfrontiert. Durch das Lösen der Aufgaben sollen sie dazu angeregt werden, ihren eigenen Stand zu ermitteln (Bilanzierung), Ideen und Optionen für ihren weiteren (beruflichen) Lebensweg zu entwickeln (Aspiration) und sich

Ideen zur Umsetzung dieser Aspirationen zu erarbeiten (Realisation). In Form eines Brettspiels ist es natürlich nicht möglich, diesen Zyklus real zu durchlaufen, also die Stufe der Realisation tatsächlich zu erleben; jedoch ist es möglich, Strategien und Ideen zur Umsetzung zu entwickeln und sich somit auf diesen Schritt vorzubereiten. Die vierte Stufe, die erneute Bilanzierung, taucht im Spiel in unterschiedlicher Ausprägung auf. So übernimmt die Spielleitung bei den komplexeren Aufgaben in gewisser Weise den Schritt der erneuten Bilanzierung, d. h. indem sie/er die Entscheidung fällt, welche Argumente der beiden Spielgruppen sie/ihn mehr überzeugt haben, bewertet sie/ihn „Was hat bzw. was hätte das für mich gebracht?".

Schule

Rollenspiel
5-10 Minuten
Rollenspielende: 2 Erfahrungspunkte
Alle anderen: 1 Erfahrungspunkt

Neidischer Kollege

Nele ist 24 Jahre alt und fleißig. Nach der Arbeit geht sie auf die Abendschule und holt den Mittleren Schulabschluss nach. Ihr Arbeitskollege Jan ist neidisch auf sie und meckert sie oft an. Er hat zwei kleine Kinder daheim. Deshalb hat er keine Zeit, auch auf die Abendschule zu gehen. Nele will ihn darauf ansprechen.

1. Die Person rechts neben der Spielleitung spielt Nele, die Person links neben der Spielleitung spielt Jan.
2. Nele und Jan suchen sich jeweils eine Person aus der Gruppe, die ihnen bei der Vorbereitung hilft. Sie überlegen mit ihnen zwei Minuten lang, wie das Gespräch ablaufen kann.
3. Nele und Jan führen das Gespräch durch.
4. In der Gruppe besprechen, wie das Gespräch gelaufen ist.   AS36

Abb. 5: Spielkarte „Neidischer Kollege" aus dem Spiel für die beruflichen Schulen

Anhand der Beispielkarte „Neidischer Kollege" (siehe Abb. 5) soll der Zyklus illustriert werden: Nele holt berufsbegleitend ihren Mittleren Schulabschluss auf einer Abendschule nach. Ihr Kollege Jan, Vater von zwei kleinen Kindern, würde auch gerne die Abendschule besuchen. Dies gelingt ihm jedoch zeitlich bedingt nicht, was neidische Gefühle hervorruft. Wenden wir das BARB-Modell an, so stellt sich Nele folgende Fragen:

Wo steht Nele? (Bilanzieren): Nele hat einen neidischen Kollegen. Er geht ungerecht mit ihr um.

Wo will Nele hin? (Aspiration entwickeln): Nele möchte den Konflikt lösen und Jan auf sein Verhalten ansprechen.

Wie kann Nele das umsetzen? (Aspirationen realisieren): Neles Möglichkeiten werden in den Spielgruppen von den Jugendlichen erarbeitet (zur Vorbereitung auf das Rollenspiel). Zwei von ihnen schlüpfen in die Rolle von „Nele" und „ Jan" und besprechen das Problem und eine mögliche Lösung.

Was hat das Nele gebracht? (erneutes Bilanzieren): In der Nachbereitung des Rollenspiels wird in der Gruppe besprochen, was gut und was weniger gut gelaufen ist, also z. B.: „Konnte der Konflikt geklärt werden?"

Durch den Reihum-Ablauf durchlebt jeder Spielende die einzelnen Schritte. Eine erneute Bilanzierung und somit Reflexion der im Spiel gemachten Erfahrungen erfolgt auch mithilfe des sogenannten „Nachdenkbogens", welcher die Spieldurchführung abschließt. Auch für dieses Instrument war das BARB-Modell die Grundlage. Zuerst werden von den Schülerinnen und Schülern die Erfahrungspunkte der jeweiligen Entwicklungsaufgabenbereiche notiert. Dadurch ergibt sich die Gelegenheit, die Anzahl und Verteilung der erreichten Erfahrungspunkte der/des Einzelnen zu analysieren und kritisch zu hinterfragen (Bilanzierung). Das Analysieren und kritische Hinterfragen wird durch gezielte Fragen vorgenommen. So greift eine Frage die Verteilung der Erfahrungspunkte in den Entwicklungsaufgabenbereichen auf und erfragt die Passung zu den individuellen Interessen der Schülerinnen und Schüler. Dabei ist es für die Jugendlichen wichtig, nicht nur Übereinstimmungen in der Punkteverteilung mit den eigenen Interessen zu erkennen, sondern auch Unterschiede. Hintergrund ist, dass die Interessen und Motive der Heranwachsenden zum Abschluss noch einmal „sichtbar" gemacht werden (Aspirationen). Eine weitere Frage zielt auf den Erfahrungszuwachs in den einzelnen Entwicklungsaufgabenbereichen ab. In den teilweise zusammengefassten Bereichen „Beruf/Schule", „Freundschaft/Familie/Partnerschaft" und „Mein Wohlergehen" sollen die Jugendlichen diejenigen Erfahrungen ankreuzen, die ihnen beim Lösen der jeweiligen Aufgabenkarten bewusst geworden sind (Mehrfachnennungen sind möglich). Auch eigene und in dem Nachdenkbogen nicht berücksichtigte Erfahrungen können unter „Sonstiges" genannt werden (Aspirationen). Eine abschließende Frage soll ihnen die Möglichkeit geben, konkrete Pläne für die Zukunft zu formulieren. Unter Einbezug der aus dem Spiel gesammelten Erfahrungen und der eigenen Vorstellungen von der Zukunft sollen Pläne für die Zukunft notiert werden und anschließend auch der Weg zu diesen Plänen (Was kann ich dafür tun?) (Realisation). Neben der Diskussion des Nachdenkbogens hat die Lehrkraft auch die Möglichkeit, sogenannte „Nachdenkpunkte" für das Ausfüllen des Bogens zu vergeben. Die Textbestandteile aus manchen Fragen werden danach bewertet, wie vollständig und umfangreich die Schülerinnen und Schüler diese Fragen beantwortet haben. Je nach Antwort können unterschiedlich viele Nachdenkpunkte zugeteilt werden. Dies kann ein Anreiz für das sorgfältige Ausfüllen des Bogens durch die Schülerinnen und Schüler sein (Bilanzierung).

Das hier entwickelte Lehr-/Lern-Arrangement in Form eines interaktiven Brettspiels enthält einige Merkmale, die in der wissenschaftlichen Erforschung spielbasierten Lernens (Ifenthaler et al. 2012) ebenfalls hervorgehoben werden:

Über fiktive Erfahrungen wird ein spielerischer Zugang zum Lernen eröffnet, der zumindest für einige Schülergruppen eine Kompetenzentwicklung stimuliert, die im herkömmlichen Unterricht kaum möglich ist.

Diese Kompetenzentwicklung wird jedoch nicht allein durch das Spielen befördert, sondern auch und nur durch zusätzliche Anregungen zum Nachdenken (Instruktionen, Reflexion und Weitergabe von Erfahrungen etc.), mit deren Hilfe die gemachten Erfahrungen ins Bewusstsein der Lernenden gerückt werden (Frey 2012, S. 437).

Fazit

Das Spiel „My Way!" wurde vom Kultusministerium in Baden-Württemberg an alle Realschulen, Hauptschulen, Werkrealschulen und Berufsbildenden Schulen (z. B. Vorbereitungsjahr Arbeit und Beruf

(VAB), zweijährige Berufsfachschule) in einer Auflage von ca. 6 310 Exemplaren verteilt und wird dort eingesetzt. Potenziell werden damit über 70 000 Schülerinnen und Schüler erreicht und in der Entwicklung berufsbiografischer Gestaltungskompetenz in der Berufseinmündungsphase unterstützt und gefördert.

Allerdings konnte bislang nur in Einzelfällen eine Evaluation des Spiels erfolgen. Ein valider Nachweis, inwiefern dieses Lehr-/Lern-Arrangement Auswirkungen auf die Entwicklung einer berufsbiografischen Gestaltungskompetenz bei den Schülerinnen und Schülern hat, steht demnach noch aus. Die durchweg positive Resonanz und das Interesse an den Brettspielen machen deutlich, dass Lehrende und Wissenschaftler/-innen eine Ausweitung von „My Way!" als sinnvoll und wertvoll erachten, etwa auf weitere Schultypen, bundesweit, auf berufsorientierende Maßnahmen außerhalb der Schule. Des Weiteren ist der Einsatz im Rahmen der Lehrerbildung erstrebenswert, damit eine hochwertige schulische Berufsorientierung gewährleistet werden kann. Auch eine Erweiterung des Brettspiels zu einem interaktiven Planspiel ist denkbar, weil hierdurch die handlungsorientierte Bearbeitung von Entwicklungsaufgaben noch stärker gefördert und damit der Schritt „Realisation" der beruflichen Aspirationen innerhalb des BARB-Modells intensiver behandelt werden kann, als dies in der Brettspielversion der Fall ist.

Literaturverzeichnis

Autorengruppe Bildungsberichterstattung (Hg.) (2014): Bildungsbericht 2014. Bielefeld. Online: http://www.bildungsbericht.de/daten2014/ bb_2014.pdf (08.07.2015).

BMBF – Bundesministerium für Bildung und Forschung (2015): Berufsbildungsbericht 2015. Bonn, Berlin. Online: http://www.bmbf.de/ pub/Berufsbildungsbericht_2015.pdf (08.07.2015).

Eckelt, M./Schmidt, G. (2014): Wie wird man prekäre*r Lohnarbeiter*in? Verändertes Selbstverständnis Jugendlicher in beruflichen Bildungsangeboten. In: bwp@ Berufs- und Wirtschaftspädagogik – online, Ausgabe

26. Online: http://www.bwpat.de/ausgabe26/eckelt_schmidt_bwpat26.pdf (24.06.2014).

Eurofound (2014): Mapping Youth Transitions in Europe. Online: http://www.eu-rofound.europa.eu/pubdocs/2013/92/en/1/EF1392EN.pdf (19.10.2014).

Europäische Kommission (2014): Die EU-Jugendgarantie. Online: http://europa.eu/rapid/press-release_MEMO-14-571_de.htm (15.10.2014).

European Commission/Eurostat (2013): School-to-work transition statistics. Online: http://epp.eurostat.ec.europa.eu/statistics_explained/index.php/School-to-work_transition_statistics#Further_Eurostat_information (21.10.2014).

Fischer, M./ Schreiber, A./ Follner, M./ Kramer, K. (2015a): „My Way! Finde deinen Weg". Ein Brettspiel für die erweiterte Berufsorientierung an Realschulen, Werkrealschulen und beruflichen Schulen. In: Die berufsbildende Schule 67 (2015) 6, S. 222–226.

Fischer, M./Stoewe, K./Barkholz, S./Follner, M. (2015b): „My Way! Finde deinen Weg" – ein didaktisches Konzept der schulischen Berufsorientierung als Beitrag zur Förderung berufsbiografischer Gestaltungskompetenz. In: bwp@ Berufs- und Wirtschaftspädagogik - online, Ausgabe 27. Online: http://www.bwpat.de/ausgabe/27/fischer-etal (08.07.2015).

Fischer, M./Witzel, A. (2008): Zum Zusammenhang von berufsbiografischer Gestaltung und beruflichem Arbeitsprozesswissen. Eine Analyse auf Basis archivierter Daten einer Längsschnittstudie. In: Fischer, M./Spöttl, G. (Hg.): Forschungsperspektiven in Facharbeit und Berufsbildung. Strategien und Methoden der Berufsbildungsforschung. Frankfurt a. M. et al.: Lang, S. 24–47.

Frey, R. C.: (2012): Computer Games as Preparation for Future Learning. In: Ifenthaler, D./Eseryel, D./Ge, X. (Eds.): Assessment in game-based learning. Foundations, innovations, and perspectives. New York: Springer. S. 431-451.

Frosch, U. (2010): Bastelbiographie, Patchwork-Identität und Co. – Atypische Erwerbsbiographien aus gegenwärtiger Forschungsperspektive.

In: bwp@ Berufs- und Wirtschaftspädagogik – online, Ausgabe 18. Online: http://www.bwpat.de/ausgabe18/frosch_bwpat18.pdf (21.10.2014).

Gruschka, A. (Hg.) (1985): Wie Schüler Erzieher werden. Studie zur Kompetenzentwicklung und fachlichen Identitätsbildung in einem doppelqualifizierenden Bildungsgang des Kollegschulversuchs NW. 2 Bde. Wetzlar: Büchse der Pandora.

Hahn, S. (2004): Zum Gegenstand der Bildungsgangforschung – empirische Fragestellungen für eine Theorie „subjektiver" Entwicklungsaufgaben. In: Trautmann, M. (Hg.): Entwicklungsaufgaben im Bildungsgang. Wiesbaden: VS Verlag, S. 167–186.

Havighurst, R. J. (1948): Developmental tasks and education. Chicago: University of Chicago Press.

Hendrich, W. (2003): Berufsbiographische Gestaltungskompetenz. Unveröffentlichte Habilitationsschrift. Universität Flensburg.

Holzkamp, K. (1973): Sinnliche Erkenntnis. Historischer Ursprung und gesellschaftliche Funktion der Wahrnehmung. Frankfurt a. M.: Fischer Athenäum.

Holzkamp-Osterkamp, U. (1975): Grundlagen der psychologischen Motivationsforschung 1. Frankfurt a. M./New York: Campus.

IAB Kurzbericht (2007): Berufswechsel in Deutschland. Wenn der Schuster nicht bei seinem Leisten bleibt ... Ausgabe Nr. 1, 19.01.2007. Online: http://doku.iab.de/kurzber/2007/kb0107.pdf (21.10.2014).

Ifenthaler, D./Eseryel, D./Ge, X. (Eds.) (2012): Assessment in game-based learning. Foundations, innovations, and perspectives. New York: Springer.

Kampa, C. (2013): Berufsorientierung junger Erwachsener – Eine qualitative Sekundäranalyse und deren pädagogische Auswertung. Unveröffentlichte Masterarbeit. Karlsruhe: Institut für Berufspädagogik und Allgemeine Pädagogik, Karlsruher Institut für Technologie.

Karsten, M.-E. (2005): Evaluation beruflicher Kompetenzentwicklung in der Erzieherausbildung (Kollegschulprojekt NRW). In: Rauner, F. (Hg.):

Handbuch Berufsbildungsforschung. Bielefeld: W. Bertelsmann, S. 501–509.

Kaufhold, M. (2004): Berufsbiografische Gestaltungskompetenz und Überlegungen zu deren Messbarkeit. In: REPORT (27) 4, S. 57–70.

Kaufhold, M. (2009): Berufsbiographische Gestaltungskompetenz. In: Bolder, A./Dobischat, R. (Hg.): Eigen-Sinn und Widerstand. Kritische Beiträge zum Kompetenzentwicklungsdiskurs. Wiesbaden: VS Verlag, S. 220–228.

Keep, E./Mayhew, K. (2010): Moving beyond skills as a social and economic panacea. In: Work Employment & Society September 2010, vol. 24, no. 3, pp. 565–577.

Lechte, M.-A./Trautmann, M. (2004): Entwicklungsaufgaben in der Bildungsgangtheorie. In: Trautmann, M. (Hg.): Entwicklungsaufgaben im Bildungsgang. Wiesbaden: VS Verlag, S. 64–88.

Lempert, W. (1998): Berufliche Sozialisation oder Was Berufe aus Menschen machen. Hohengehren: Schneider.

Munz, C. (2005): Berufsbiografie selbst gestalten. Wie sich Kompetenzen für die Berufslaufbahn entwickeln lassen. Bielefeld: W. Bertelsmann.

Oerter, R. (1998): Kultur, Ökologie und Entwicklung. In: Oerter, R./Montada, L. (Hg.): Entwicklungspsychologie. 4. Aufl. Weinheim: Beltz, S. 84–127.

Oerter, R./Dreher, E. (2008): Jugendalter. In: Oerter, R./Montada, L. (Hg.): Entwicklungspsychologie. 6. Aufl. Weinheim: Beltz, S. 271–332.

Ryan, P. (2000): The School-to-Work Transition: A Cross-National Perspective. http://www.adapttech.it/old/files/document/11820ryan2000.pdf (21.10.2014).

Schenk, B. (2001): Perspektiven für Bildungsgangdidaktik und Bildungsforschung. In: Hericks, U./Keuffer, J./Kräft, H. Ch./Kunze, I. (Hg.): Bildungsgangdidaktik. Perspektiven für den Fachunterricht und Lehrerbildung. Opladen: Leske+Budrich, S. 263–268.

Schier, F. (2011): Übergänge ins Beschäftigungssystem – Herausforderungen an der ersten und zweiten Schwelle. In: bwp@ Spezial 5 – Hochschultage Berufliche Bildung 2011, Fachtagung 15, Hg. v. Jung, E./Kenner, M./Lambertz, H., S. 1–14. Online: http://www.bwpat.de/ht2011/ft15/schier_ft15-ht2011.pdf (08.07.2015).

Seidel, R. (1976): Denken. Psychologische Analyse der Entstehung und Lösung von Problemen. Frankfurt a. M./ New York: Campus.

Trautmann, M. (Hg.) (2004a): Entwicklungsaufgaben im Bildungsgang. Wiesbaden: VS Verlag.

Trautmann, M. (2004b): Entwicklungsaufgaben bei Havighurst. In: Trautmann, M. (Hg.): Entwicklungsaufgaben im Bildungsgang. Wiesbaden: VS Verlag, S. 19–40.

Universität Bremen (2000): Sonderforschungsbereich 186 der Universität Bremen „Statuspassagen und Risikolagen im Lebensverlauf": Literaturdokumentation 1988 bis März 2000. Bremen: Universität.

Wittwer, W. (2011): Diagnose der Veränderungskompetenz bei Auszubildenden. In: Bethscheider, M./Höhns, G./Münchhausen, G. (Hg.): Kompetenzorientierung in der beruflichen Bildung. Bielefeld: W. Bertelsmann, S. 113–130.

Witzel, A./Kühn, T. (1999): Berufsbiographische Gestaltungsmodi – Eine Typologie der Orientierungen und Handlungen beim Übergang in das Erwachsenenleben. Bremen: Universität.

Zimmer, G. (2008): Evaluation von Lernerfolg in E-Learning-Szenarien. In: bwp@Berufs- und Wirtschaftspädagogik – online, Ausgabe 15. Online: http://www.bwpat.de/ausgabe15/zimmer_bwpat15.shtml (17.01. 2016).

Abbildungsverzeichnis

Abb. 1: My Way © 2014 Martin Fischer, Institut für Berufspädagogik und Allgemeine Pädagogik am KIT sowie Sabine Hirtes, Hochschule Offenburg, Fakultät Medien und Informationswesen Projekt

Abb. 2: Spielkarte „Ausbildungsabbruch" © 2014 Martin Fischer, Institut für Berufspädagogik und Allgemeine Pädagogik am KIT sowie Sabine Hirtes, Hochschule Offenburg, Fakultät Medien und Informationswesen Projekt

Abb. 3: Kurzprotokoll „Michael" © 2013 Claudia Kampa, Institut für Berufspädagogik und Allgemeine Pädagogik am KIT

Abb. 4: Spielkarte „Familiengründung" © 2014 Martin Fischer, Institut für Berufspädagogik und Allgemeine Pädagogik am KIT sowie Sabine Hirtes, Hochschule Offenburg, Fakultät Medien und Informationswesen Projekt

Abb. 5: Spielkarte „Neidischer Kollege" © 2014 Martin Fischer, Institut für Berufspädagogik und Allgemeine Pädagogik am KIT sowie Sabine Hirtes, Hochschule Offenburg, Fakultät Medien und Informationswesen Projekt

Daniela Reimann, Kerstin Huber
A European concept to visualize and reflect the vocational biography by using digital media

Abstract

The paper is based on the Erasmus+ research project "Show Your Own Gold (Acronym) which aims to develop a European concept for visualizing and reflecting what was translated as the 'vocational biography' and learning history of young, unemployed people enrolled in pre-vocational training (pre-VET) measures. In the project, a digital biographical narrative for learning is developed in the framework of workshops designed to support the young people in 6 participating countries and to enable them making visible their experiences and strengths. The workshop curriculum is designed to encourage self-awareness of young people, fostering competencies for approaching the labour market. This is realised by producing a digital narrative for learning, using digital media, to be provided online, visualizing informally and formally acquired skills as part of their learning history as well as towards their occupational future opening up. In the paper, the cross-disciplinary approach to visually reflect the vocational biography is based on VET research, visual culture, media and art education is presented. The concept aims to initiate the reflection of the participants in pre-VET measures and projects through creative processes and arts-based learning. Examples of biographical work linked to media practice in pre-VET and vocational orientation are discussed at the European level.

1. Challenges of School to Work transition in Europe

What does it mean to be young in Europe today? The main question young people age 16 to 25 have to decide on is how they want to earn their living and which education therefore to choose. There is a focus in the European Union to support young people to be seen as an investment and human capital in the prosperity of the future of the Union – especially to keep innovation high and gain a solid and compatible work force (Eurostat 2015). Nevertheless the transition from school to work is one of the main problems in a lot of European countries, especially those that hit the hardest by the economic crisis in 2008: "20.9 % of young people aged 25-29 in the EU were neither in employment, nor in education and training. The unemployment rate of young people in the EU has increased in the past few years, especially since the 2008 financial and economic crisis. Although unemployment rates varied substantially between Member States, the trends were broadly similar" (Eurostat 2015, p. 11).

Statistics also show that young people stay longer in the education system. In some countries this can be seen as an indicator for the difficulties of the youngsters to enter the labour market. The authors of the Eurostat publication "Being Young in Europe Today" come to the conclusion that many young people in the EU find it "increasingly difficult to get a job after leaving education" and therefore stay in the education system as long as possible (Eurostat 2015, p. 11). The level of education is seen as a key factor for successfully transferring from school to work – the lower the qualification, the longer it takes (Eurostat 2015, p. 147). The conclusions do not explain why in several European countries even young people with a tertiary degree need more than double the EU average time to find a job.

The other indicator showing that young people in Europe have problems managing the transition from school to work is the youth unemployment rate. The average unemployment rate for young people (age 14 to 25) in Europe in 2014 has been 22.2 % (statista 2015). In some countries it is even higher. The youth unemployment rate is partly a consequence of the lack of job-offers in some countries (because of the weak economy) and partly because of the lack of practical skills that can be gained from the vocational education and training programs. The conclusions were formed based on formal indicators, such as the accessibility of employment and education and training. While external factors, like the amount of jobs on offer in the countries and also the general image of vocational education and training in comparison to higher education, are also likely to play a part. Other aspects like self-efficacy of the young people, the quality of information on vocational education and training and career guidance as well remained unstudied and unappreciated so far.

1.1 The research project

The Erasmus+ research project ,Show Your Own Gold' aims to develop a European concept to support young people focusing on these latter aspects, in order to reflect their "vocational biography". Therefore the collaboration of institutions in disciplines such as vocational education and training (VET), visual culture, art and media education, including constructivist pedagogical approaches to learning have been brought together in the framework of a ,Strategic Partnership'. This European program strand intends to ,foster cooperation between organizations in different countries engaged in youth work and non-formal learning for young people' (The European Commission's Website 2014). By collaboration, the different organizations involved develop new approaches to support the situation of young unemployed people in Germany, the U.K. (Wales), in Spain (Catalonia) and Portugal (Alentejo) as well as in Romania and Slovenia. In order to improve the difficult situation of school to work transition, young people participating in the project, are supported and encouraged to take a more active role towards their own learning history and future perspectives, not only in terms of vocational education and occupations, but also in terms of reflecting themselves as a holistic personality with possible pathways to follow. Therefore, the project develops, tests and evaluates a joint European concept and curriculum to support the development of what is called a ,vocational biography design', a concept which stems from German vocational education and training (VET) research, which is facilitated through a workshop curriculum for a series of practice-based hands-on workshops with young people. By developing a digital biographical narrative, learning about authorship, self-development, collaboration, communication, multimodality and multi-perspectives, as well as the digital online presence is supported. Partner institutions of six European countries are involved in the project.

The common target group has been defined according to the reality of youth unemployment and the labour market situation in the countries:

Young unemployed people age 15 to 22 in a situation of transition (e.g. in the difficult phase of school to work as well as job starters), who are placed outside of the labour market and who do not have an apprenticeship or job. They might be enrolled in vocational preparation measures (any pre-vocational education and training project, e.g. at school level or outside school programs). Each partner institution has identified the particular target group to focus on, in response to the research finding resulting from the national country reports.

The project intends to make young people set up and visualize their individual vocational and educational biography, that is, they visually reflect their learning history as well as their vocational experiences including formally and informally acquired competences and skills. In order to do that, they are invited to actively produce media related to their biographies under the umbrella of a digital biographical narrative for learning available online for long term access and individual updates.

The cross-disciplinary approach is based on constructivist media pedagogy, 'constructionist technology education', following the work of Papert (1982) and concepts of art education research, such as 'esthetical biographing' (Ästhetisches Biografieren), linking it to active art, design and reflection processes in a creative way. The latter is not yet common in traditional vocational preparation and pre-training, which usually focuses mainly on the development of an appropriate CV, a letter of application or on the preparation of job interviews. The Erasmus project focuses on individual learning processes based on the biography of young people. The opportunities opening up for self-presentation and the presentation of ones' skills is realized by producing a biographical narrative for learning consisting of authentic media. These media products might present the young people as personalities as well as in the con-

148

text of work and vocational activities. In Germany, the youngsters are mentored by KIT students and get feedback regarding their strengths and possible needs for improvement and the way in which they can present their competences in a positive and effective manner, towards future perspectives.

1.1.1 The project's approach

The first step within the project was to gather information about the national education systems, and the vocational preparation measures available in the countries. It was examined whether such measures exist or not and how successful they worked, identifying national challenges that get in the way of a successful transition from school to work. The national country reports constituted the basis for the comparative analysis to identify common challenges of pre-vocational training and job guidance in the partner countries which the project can lessen. The general idea of the project is, that the support of vocational preparation and guidance can be obtained by a workshop concept based on the principles of ‚vocational biography design‘ and the means of digital media to visualize it and make it aware and graspable to the young. An international workshop curriculum including the workshop's aims and learning goals was developed. It consists of common aims and content to be implemented in every partner country with the opportunity to adapt it individually to the needs of the target groups identified in the countries (e.g. timeframe, number of units, media content and tools). Within the framework of the project, both the digital biographical narrative for learning and the workshops for young people are developed in the form of an accompanying course offered in all participating countries. Within the framework of the project, a workshop concept with a specific scope of courses offered for the generation and reflection of appropriate media formats (e.g. video clips, interviews, image data of own work-pieces and projects, maps etc.) is developed, tested and evaluated. The evaluation is based on a qualitative research methodology including a set of in-depth group interviews and surveys with the social actors involved, such as trainees and trainers, teachers and students. The didactic approach of the digital narrative for learning is based on the idea of actively shaping the media technology for biographical work by the users themselves. It is collaboratively designed by the project partners, according to the specific needs of the particular target groups identified in the countries. The results of the workshops, such as digital biographical narratives are provided online for presentation and updating by the participants on the project's platform 'My Digital Self'. The project's approach combines various media formats for sustainable use in the future, after the project is finished in 2017. At the end of the project, international recommendations for vocational preparation, pre-VET and job guidance in Europe are developed and disseminated to policy makers, decision takers and stakeholders in response to the situation of young people to be improved systematically across the European countries. The project aims to support EU and national policy makers for what concerns the development and implementation of new vocational education and training (VET) related policies towards a European concept of successful vocational biography design.

1.1.2 Design of the comparative analysis

The transnational comparison was based on common criteria identified for the analysis of the six different systems described in the reports, in order to be able to tackle the relevant problems, and challenges and last not least to identify models and projects of good practice. Accordingly, for the purpose of comparison, common criteria were developed. The transnational report is based on the analysis of the national reports of the countries – the U.K. (Wales), Spain (Catalonia), Romania, Slovenia, Portugal as well as Germany. The following criteria for comparison were agreed between the collaboration partners:

1. The embeddedness of the pre-vocational training (vocational preparation) in the VET-/education system and structure in the country: Aspirations and realities including the description and explanation of the real measures implemented, the relationships and communication between the social actors and stakeholders involved in it

2. Strengths and weaknesses of pre-VET measures, projects and initiatives in the countries: What is working well? What is not, or unclear?
3. The ones left behind: Which groups or individuals might be left behind, or fall out of the (pre-)VET system, e.g. unattended people, who do not receive any support. What are the reasons attached to it?
4. Similarities and differences of the target groups identified in the countries: Which groups are of high or increasing importance in the different countries?
5. The coordination of the initiatives, measures and projects identified: Who (which group of social actors and stakeholders) is in control of what? What is the role of the social partners (e.g. trade unions and other stakeholders)
6. Examples of best/good practice, including pre-VET projects and initiatives (as well as policy acts in practice) identified in the countries
7. The socio-economic context: How is pre-VET embedded and influenced in the socio-economic context of the country?
8. The use of media and digital multimodal biographical narratives or similar concepts in the countries

The above mentioned criteria identified constitute the basis for the transnational comparison, which served as a tool for better understanding the particular situation in the countries, and also for developing a European pathway towards pre-VET and the issue of biographical narratives.

1.2 Results from the analysis of the national reports

The research undertaken in the project has shown that vocational preparation in the sense of preparing and supporting young people to successfully master the transfer from school to work is offered in all European countries in one way or another. The figures of youth unemployment rates, early school leavers and several European programs show however that young people have difficulties to master the transition. This led to the assumption that most countries are not really successful in their efforts with vocational preparation measures.

1.2.1 Common challenges of vocational preparation (pre-VET) and guidance across Europe

The socio-economic context influences the school to work transition process of young people. With the exception of Germany and the U.K., all partner countries have in common that they were strongly affected by the economic crisis and their labour markets are still weak. This is followed by increasing problems for our target group of young people, trying to enter the labour market. Another widespread problem is the quality of education and training. In those partner countries with a school-based vocational education, the desk-studies undertaken in the project identified a lack of practical skills after completing vocational training in vocational schools only. Employers prefer therefore the higher qualified graduates, because they have to train them practically according to the company's need in the company anyway. In Slovenia, Portugal and Spain, a shift to increase the practical parts and in-company training of vocational education (according to the German concept of the dual vocational education system) could be observed only recently. Vocational preparation and career guidance are in most countries part of the education system. Only Germany has a separated more autonomous system and in Wales it was even difficult to identify pre-VET measures. All partners of the participating countries share the opinion that vocational preparation and guidance are not sufficiently individually shaped and flexible in the countries and therefore do not fit to support young people on the cusp of entering the professional life.

1.2.2 Similarities and pre-vocational education and training target groups in European countries

The Erasmus+-project has scrutinized the VET systems, including the vocational preparation and pre-training initiatives in the participating countries in order to identify differences and similarities. Though there are differences to be noticed in the VET systems and pre-training measures as such, a lot of similarities of the young people's situation can be identified across Europe, within all partner countries being affected in some way or another. Those similarities are mainly in terms of the weaknesses the young Europeans have to cope with. Both the lack of transparency concerning the measures and the learning contents attached to them, and the training necessary to meet the labor market requirements are challenges for the young to deal with. Quite a few of them end up in loops of measures without any successful entrance to the local labor market, and then drop out. For them it is hard to select a training measure which fits to their individual profile, as they miss criteria of quality for comparing measures to enroll to. Furthermore, they lack the self-esteem to follow a pathway of self-initiated decision making. The main common problem in the countries is maybe not so much, that there are groups of people not receiving any support, but that the support gained in the vocational preparation measures is rather not individually shaped at all. One of the worse issues for the young people in pre-VET is the bad reputation this group get in society, according to the predominant prejudices, as found not only in a German research project ('Media-Art@Edu', Reimann/Bekk 2014). Experiences from this project have shown, that those youngsters have adopted the negative view and perception of their school experiences and school failures in society, which hampers new positive developments and learning. Therefore, new approaches towards positive learning experiences are on the agenda for future pre-VET offers.

In countries with a weak economic situation and labor market, the solution is mostly to keep the young people stay in the education system as long as possible, and exclude them form unemployment statistics. Another way is to support them to start their own business (job startups). In all countries studied, the transition from school to work is most difficult for those who are not good at school and who have further personal problems. However, in each of the partner countries, there is a lack of tailor-made pre-VET measures to be noticed. The young Europeans rather suffer from the standardized training including a narrow view on issues related to job applications, interviews and the necessity of improving ones' documents for successfully applying for a job. The few models of good practice we found, stress this fact as well. To sum it up, there are similarities of the groups such as unemployment or the lack of an apprenticeship in the age group of 16-22 year olds. The differences are in terms of their position related to the VET-systems which are different in the countries studied. Though the groups relate to different VET-systems, the young people have a lot of similarities in terms of challenges to cope with. The Erasmus Gold-project aims to develop, test and evaluate a workshop concept to support those young people, independent from the very system they belong to, that is, on the level of the subject-oriented approach to learning, an individualized curriculum for hands-on media workshops is realized though project learning in team-based arrangements.

1.2.3. Vocational Biography Design with digital media – towards a European perspective

The concept of the German term 'Berufsbiografiegestaltung' was translated to 'vocational biography design'. It was introduced in the German vocational education and training (VET) research community by Hendrich (2003) and Kaufhold (2009). It can be seen as a response to the idea of adaptability of the always 'flexible worker' (Senett 1998) in the context of globalisation and labour market requirements. The concept is about the ability of the individual to handle the changes in society and to cope with the discontinuities linked to it. It stresses the issue of coping with internal and external requirements and the request for flexibility. The concept includes the balancing and reflection of the vocational experience of the subject. However, in the German VET research community, two terms have been introduced. The concept of "vocational biography design" (Berufsbiografiegestaltung) as well as the competence of vocational biography design (berufsbiografische Gestaltungskompetenz). The latter explicitly includes the issue of skill development in vocational education and training (VET) and is a rather popular educational goal of VET to aspire to. In particular Munz (Munz 2005, p. 12) has developed further the idea of 'vocational biography design' and operationalised it into the following four components:

1. Learning skills: process of new learning and setting of ones' own goals
2. The development of the biographical view: Understanding one's life history as a process
3. The creation of a competency profile: To identify and document ones' own competencies
4. Self-marketing: self-assessment, to check the requirements in response to current labour market needs in society

In the Erasmus+-SYOG-project this was taken as the basis for the development of a common European concept to improve the situation of young unemployed people and enable them to play an active role in shaping their future life and work time. The second concept included in 'vocational biography design' is the approach of German art education called 'aesthetic biographing' (Ästhetisches Biografieren), defined as processes of arts based biographical work using the specific means, media and tools of the arts. It is part of the didactic approach of the so called 'Aesthetic Research' (Ästhetische Forschung), a teaching and learning concept introduced by Kämpf-Jansen (2001), and perceived in German art education research. 'Biographying', introduced as a verb in the German education context, is a common concept in general pedagogy as well as in German art education teacher training (Seydel 2005). The target groups of biographical work become researchers of their past and learning history. Biographical learning means to take the individual biography as a starting point for learning, reflecting the personal history as a driver for learning and design processes, to become a 'Gestalter'. 'Aesthetic biographing' includes visual methods of research undertaken in daily surroundings of the massive media and visual culture. 'Biographing' is defined as a process of researching one's own individual history. It means to use lived life as the material for creation and reconstruction, that is, the episodes and experiences made are used for reflection and learning, towards new findings about oneself and one's behavior, and last not least the shaping of individual future perspectives. Aesthetic biographical work, using visual means is about visualizing phases of ones' biography, using different kinds of materials, collections, media and memorabilia). As Pazzini has put it quite to the point, „Bio [one's biography] has to be drawn, documented, sketched or written in the first place" because life does not coin, or make any stamps or shapes by itself (cp. 2002, p. 309).

The project's aim is to integrate the two concepts, that is, in the workshops media are used – visual, audio, language and (any) haptic material or object (not as an end in itself, or in order to work with media to think about oneself), but also to go beyond and reflect on the vocational opportunities opening up and to be unlocked.

As we found in former research projects with young people in pre-VET programs (such as 'MediaArt@Edu' introduced in the article by Reimann/Bekk in this book), negative learning experiences strongly hamper the young people's ability to believe in their own strengths and future perspectives. Often they are judged against a particular perception in society, referring to the missing school leaving certificates, bad grades, the lack of formal qualifications or academic knowledge, so that they feel having failed, not being in the position to apply for jobs they would like to apply for. Since the group of school failures does not meet the requirements, often they adopt the negative view and feel to have no chance to get a job in the future anyway. They are unsure about their own abilities, and unclear about their future. On top of that, they have to cope with the bad reputation they are facing in society. Consequently, the approach in the workshops of the Erasmus+-project is designed to support their strengths, capacities, and self-esteem, by triggering their interest for developing an individual project, reflecting their individual backgrounds and abilities. It is an approach opposed to the common idea of advancing according to grade, in everything they do, as often learned at school. The young person as a personality is in the center of the project's workshop approach, which is process-based and subject-oriented. The practice of what was translated as the 'securing of evidence' (from the German "Spurensicherung") in one's own life (like e.g. the artist Christian Boltanski realizes in his work), is applied in education, in order to make the youngsters reconstruct and develop narratives for biographical storytelling: Using individual, personal belongings, photos, objects, found footage or material, which serve as carriers of memory. Objects form the past, kept or collected, because of their associations with particular events of the past related in this project to the issue of vocation and education. The inherent didactic question is: What is implicit in such memorabilia, that might not be visible at first sight, but which can be told, invented and developed to make the young people research their own past, perceived as a personal learning history. Processes of reconstruction, documentation and visualization are used to support awareness about work and design processes as well as the competences applied and practiced using a kind of research portfolio called the biographical digital narrative for personal learning.

3.1 Visualizing the vocational biography in other European countries

Based on the idea of the German concept of ‚vocational biography design‘, the project partners explored their national educational literature and practice to identify similar and comparable concepts in which vocational and biographical competences are addressed, identified, reflected, documented or visualized.

3.1.1 Digital visual narratives and storytelling

In the Spanish and Catalan research there are approaches in art education research and visual culture similar to the German concept translated as 'aesthetic biographing ', e.g. the concept of 'visual narratives' described as living inquiries, assuming that the young person is the expert of his/her biography (Fendler/Hernandez 2015). The Esbrina research group at the University of Barcelona has a wide experience of working with young people using visual narratives and exploring them with students in different university courses. From these experiences (Hernández-Hernández 2013; Fendler/Hernández-Hernández 2015) a set of notions and definitions emerges that could help to develop a 'vocational biography design' on the European level. The characteristics of a 'visual biographical narrative' are described by Hernandez et.al (2015) as follows: Firstly the can help expanding the meanings of personal memories (Porres 2012). They facilitate processes of exploring modes of visual culture appropriations (Powell 2010, p. 44-53). Young people are encouraged to self-authorizing, to develop their own voice and share it with others (Heath/Brooks/Cleaver/Ireland 2009). Visual narratives stress the possibility to create alternative (and unexpected) intersections between images and personal stories (Empain/Rifà/Sánchez de Serdio/Vidiella 2012). It supports documentation and forms of narration to illustrate and build relationships between the social actors, e.g. the peer groups involved in the process (Cañete/Hernández-Hernández, 2014). Documentation and narration (storytelling) in this sense also help to make visible the invisible and to educate themselves (Fendler 2013; Miño/Sancho 2014). It also contributes to change the usual place of the participants, that is, to get out of the so called comfort zone (Domingo/Sánchez/Sancho 2014). The development of the ability to problematize (reflect) a visual account beyond only showing or illustrating something, questions the hegemonic narratives and stories towards the emergence of alternative ones (see the visual methods chapter in Heath/Brooks/Cleaver/Ireland 2009). The generation of questions by transforming youth experience into personal knowledge is an overall aim of digital visual narratives.

The visual narrative is coined by the following work processes and tasks for participants, as referred to in the literature studied in the framework of the Catalan country report by Hernandez et al. (2015): It aims the participants at "[...] engaging with the visual [is] not simply as a mode of recording data or illustrating text, but [it can act] as a medium through which knowledge and critiques may be created" (Pink 2007, p.13). In terms concrete, the young participants are asked to "describe an experience required to represent it from a particular point of view in a given language, using some kind of visual or oral specific language (written, musical or body)" (Gergen/Gergen 2011, p.13). The basic features of a visual narrative are composition (available elements), the presence of a story, the characters, the techniques of representation and the means in which it is shared (Pimenta/Poovaiah 2010). Visual narratives can be expressed using moving images or a fixed image and in recent times with an advancement of technology a combination of both (Pimenta/Poovaiah 2010). Research from a visual narrative is an intentional, thoughtful and, active process in which researchers and participants explore and make sense of their experiences, both visually and narratively (Hedy Bach 2007, p. 281) (quoted in: Hernandez-Hernandez et al. 2015).

3.1.2 The issue of storytelling in Romania

In Romania, no research was undertaken in the field of vocational biography design as defined in the project. However, the literature review (Voicu 2013) came up with the issue of storytelling in the field of health at the intersection of medical sciences. In that project, vocational biographies were realized by people with Spina bifida and hydrocephalus, in the intention to be offered publicly as encouragement and models for other people with the same diagnostic. In the guidelines for the elaboration of the vocational biographies, the authors were recommended to describe as clearly as possible: 1. Transitions from school into training situations and 2. Factors having influenced the career (positive or negative) such as the issue of 'role models' and the outline of helpful situations, meetings and settings. Design and the setting of priorities were subject to the authors of the project themselves, the biographies are being published as study-cases on the Web-sites of the partners. No philosophy of the motivational and inspirational benefits of the process of reflecting on different aspects of the biography is described in the background concept, facilitators having a very limited role in this model. (cp. Voicu 2015)

3.1.3 Participatory video in Portugal

The research undertaken in the field of 'vocational biography design' in the Portuguese national report (Pessarinho/Nunes/Velhinho Sousa, 2015) took into account the experience made with training in 'participatory video' at the Lab:ACM at the Polytechnic Institute of Beja, in the Alentejo area, which was considered a relevant approach. The term of 'participatory video' refers to the methodology that relies on the use of a number of techniques to join a particular group or community in order to develop their own movie, addressing issues of local interest that may have some kind of positive development, including some social changes. The actors have control of how they will be represented in the video, not being subjected to a script or any aesthetic concept. It is not a 'closed' format, but adapted to the specific community problems, such as ethnic minorities, aged groups (e. g. artisans and traditional crafts) and the perceived lack of visual and literacy. At the Lab:ACM, which is concerned with education of students in the field of art and multimedia, a field experience in training and tutoring on this methodology was developed. It was embedded in the activities of ADTR – Land Development Association of Irrigation in Ferreira do Alentejo. This training took place under the theme of local entrepreneurship, resulting in a video made by the students and with the direct intervention of several people involved in projects and local level businesses. This methodology focused on the dynamics of team work, approaching the real dynamics of audio-visual production teams, as a strategy to address the content in the program and the framework of action as a key to achieving the overall objectives outlined: Understanding the 'participatory video' gender and apply its methodology for conducting a participatory video with Ferreira do Alentejo community on the theme of Local Entrepreneurship. In addition to technical expertise in the audio visual area, it underlines also the conceptualization of work around the project theme ‚entrepreneurship' as a complex and not always consensual concept. The approach to the understanding of the topic was something that took place directly from the application of strategies such as the use of vox pop (street quick interviews) that allowed the video confrontation and juxtaposition of different perspectives that embody the very concept of entrepreneurship under multiple possible views (Pessarinho/Nunes/Velhinho Sousa, 2015).

3.1.4 Documentation of skills for competence validation

In vocational orientation and preparation, the issue of documenting the skills acquired through the former educational and vocational experiences is one of the main aspects addressed, accessed and taught in the context of mediating future employment perspectives to young people. In the project, it is argued, that the main aim is to focus on the learner him/herself: He/she is to be supported towards taking over a proactive role in his/her life, in terms of participation and the shaping of the vocational and private life, supported by using digital media. However, there is big debate on how to integrate informally acquired skills into the competence portfolio of young people. In all partner countries, except Germany, a system exists to validate informally acquired skills to gain regular educational or vocational certificates. In Slovenia the project member Zavod NEFIKS, a project of a non-profit training provider, "aims to educate young people in different fields, persuading employers to consider non-formal education as a reference when getting a job" (cp. NEFIKS Website). They developed a portfolio especially for young people to document their experiences with voluntary work, internships or training workshops on a Web based platform (cp. NEFIKS 2015). The documentation contains a description of the work experience written by the young users themselves – a kind of narration, but only text-based. The user also link the work experience to competences. The NEFIKS system generates a confirmation email to be sent to the organisation that offered the work experience to confirm the content and the acquired competences. Both can be stored on the platform and transformed into a CV to use with job applications (cp. Blazinsek/Beguš, 2015).

In Portugal the 'Recognition Validation and Skill Certification System' (RVCC) recognizes and validates knowledge and skills acquired through-out life. Its' target group is adults who have not completed compulsory schooling, enabling them to recollect, document and finally validate and certify their professional school and other knowledge they have acquired throughout life and in different contexts. The validation process focuses on their biographical pathway that can be narrated in various media, such as text, old pictures, videos, etc. (cp. Pessarinho/ Nunes/Velhinho Sousa, 2015).

3.2 Digital biographic narratives – visualizing and reflection one's vocational biography

For the development of the proposal 'Show your own Gold', developed as a strategic partnership, the issues of vocational biography design as an intense and individual approach to learning was merged with the didactic concept of 'aesthetic biographing' stemming from German art education and general pedagogy.

First of all, this chapter argues, that the concept of what is called 'vocational biography design' (and vocational biography design skills) consists of two educational (didactic) approaches. It is based on the term translated from the German "Berufsbiografische Gestaltungskompetenz" and "Berufsbiografiegestaltung" introduced in the context of the German VET research (by Hendrich) and analysed in the context of work process knowledge (Fischer/Witzel 2008). Consequently, the concept is strongly coined by the German notion of 'Beruf', constituting an occupational identity which is less strongly attached to a job in other European countries.

The second underlying concept is 'biographing' ("Biografieren"), a common didactic approach in German art education as aesthetic biographing defined as a design and shaping process using aesthetic means and artistic strategies. The process of 'Biographing' in order to reflect one's own educatedness is also well known in general pedagogy and further education (Kirchhoff/Wolfgang Schulz, 2008). For the development of the 'Show your own Gold' curriculum, we have put together the issue of biography design as an intense and individual approach to learning with the didactic concept of 'aesthetic biographing' taken from art education and general pedagogy. The German sociologist Brater and colleagues (Brater et al. 1984, 1989) stressed the importance of integrating 'artistic practicing' ("die künstlerische Übung") in vocational education long before this issue was discussed in the German VET research community. However, the issue of artistic acting was analyzed further (Brater et al. 2011) in order to identify what could be learned from professional artists and applied in vocational education and the working world. In the crisis, the issue of how to improve the economic situation is a driver to desperately look for new innovative approaches, e.g. how the companies can use art as a source of inspiration and tool (Biehl-Missal 2011).

3.2.1 Why is vocational biography design important?

Unforeseeable changes in life are normal, e.g. to break out of vocational education and training or apprenticeship (approximately 25% of all trainees, that is, the apprentices in the framework of the Dual System, in Germany prematurely abort their vocational education (cp. BMBF 2014, p. 52) and fail to get a lifelong profession. Only about half of all thirty-year-olds are working within their learned occupation (Wittwer 2003, p. 64-65). However, young people need to learn how to deal with these changes in their professional and private lives. In the framework of the project, we argue that they need to develop skills in ‚vocational biography design‘, that is "... methods to deal with transitions and situations of risk in their further professional lives" (Fischer 2012). Thus, career orientation and vocational preparation should go beyond the first choice of an occupation, apprenticeship or study program, that is, to follow not only the first vocational decision to get into employment.

The idea is also to get beyond the approach of job matching, addressing mainly the question which occupation might be the right one, towards the question of "How can I cope with future changes or turbulences according to my educational and vocational biography?"

3.2.2 Biography-based learning as a didactic concept in general pedagogy and art education

'Biographing', introduced as a verb in the German context, is both an issue in general pedagogy as well as in German art education and teacher training (Seidel 2005). It means to take the individual biography as starting point for learning. The concept of 'biographical learning' is popular general education, and on the agenda in art education research as well as in art classroom settings, using the personal history as driver for learning and design processes. The process of 'aesthetic biographing' in German art education, is based on the didactic concept of 'aesthetic research' ("Ästhetische Forschung") introduced by Kämpf-Jansen (2004). It includes visual methods of research undertaken in daily surroundings of visual (media) culture (Alltagsästhetik, Visuelle Kultur). Biographing is identified to be a process of researching one's own history. It means to use life as material, that is, the episodes and experiences made are used for reflection and learning, towards the shaping of individual future perspectives. It is about visualizing phases of one's biography, using different kinds of materials, collections, media and memorabilia, e.g. in aesthetic research (Kämpf-Jansen 2010).

3.2.3 Multimodal biographical narratives for learning

The term of 'multimodality' is used across various disciplines, such as semiotics and communication science, art education processes, visual culture as well as in physical computing. It is defined as an overall approach supporting or linking a variety of modes of perception and for acting, including multi-perspectives and dimensions. It describes different modes and the complexity of the shaping and design processes developing biographical narratives. In the context of computing it means to include different kinds of modes to interact with computers, including haptic, gesture-based and acoustic interaction. According to the National Center for Research Methods multimodality is "an interdisciplinary approach that understands communication and representation to be more than about language. It has been developed over the past decade to systematically address much-debated questions about changes in society, for instance in relation to new media and technologies. Multimodal approaches have provided concepts, methods and framework for the collection and analysis of visual, aural, embodied, and spatial aspects of interaction and environments, and the relationships between these" (National Center for Research Methods, 2015) . In the project, we intend to overcome the tool paradigm as a source for improving media based learning in vocational preparation and pre-VET. The project is aimed to develop media environments for production of meaningful projects, and objects, rather than simply use digital tools for the widespread and common competence measuring or job matching in pre-VET.

Like paper and letterpress printing in the Gutenberg era, reading and writing became culture practices to be learned (cp. Billmayer 2014). The computer as a semiotic and algorithmic machine makes available all former analogue media under one umbrella, allowing to generate, connect, provide, save, transform, visualize and link digital information to smart media and AI-based artefacts. The computer technology extends those practices through the so called multimodal communication. Through the widespread of the multimedia computer, users can produce their own media materials for communication and publish it to an international forum on the Web. Nearly everybody has to have the competences attached to it. This is where the project comes in, responding to Do-It-Yourself (DIY) practices young people use worldwide and share them on online.

In the project, multimodality is defined as a concept to implement and foster vocational biography design for young people (as a common issue of the didactic approach for the workshops to be developed and realized) and applied in pre-VET using a variety of modalities to produce, construct, design, transform and reflect media project, including the issue of the vocation. In the partner countries, the concept of linking visual culture practices to vocational preparation and orientation (job guidance) is not common nor on the agenda of the agencies of employment.

3.2.4 The use of multimodal digital biographic narratives in the project

In the project we aim to integrate the three concepts, that is, in the workshops we use media, visual and (any) haptic materials not only as an end in itself or in order to work with media to think about oneself but also to go beyond and reflect on the vocational opportunities opening up or to be unlocked. As we found in former research projects with young people in pre-VET programs, standardization and its common implications is hampering the young people's ability to believe in their own strength, because they were judged against a particular modesty and perception in society, that is, according to their bad school grades, missing school leaving certificates, lack of academic knowledge and formal qualifications. Since the target group of school failures does not match to the requirements, they take over this negative view and fear to have no chance to get a job in the future. They are unsure about their own abilities, and unclear about their future. However, on top of that, they are expected to cope with the bad reputation they are facing in society as well. Consequently, the approach in the workshop is to be designed to support their strengths, capacities, and self-efficacy, based on

- Triggering their interest (and in the idealistic sense – passion) for developing a project, based on their individual backgrounds and abilities, as opposed to advance according to grade, in everything they do.

- The young person is in the center of the workshops, which are process oriented in terms of shaping and learning with media and materials.

- Securing of evidence (Spurensicherung) in one's own life (like artist Christian Boltanski), can be applied in education: In order to make the youngsters re-construct and develop narratives (storytelling), using individual, personal belongings, photos, objects, found materials; arranged, invented and developed to make them research their past, perceived as a personal learning history

- Processes of documentation and visualization are used to support awareness of work and design processes as well as competences applied and developed, using a kind of research book, portfolio or project documentation (online/offline).

4. Conclusion and future perspectives

In general, politics take a special view on vocational preparation and career guidance of young people. That is to say they only give it a central role due to the "effectiveness in developing the right skills and attitudes people need for successful careers." (Cedefop: Career Guidance in unstable times. 2015, p. 1). The ‚Show Your Own Gold'-project intends to address another aspect, following the question: Why is there so much support and effort (money) put into the school-to-work transition on the one hand, and so little value and success gained for the young people on the other hand? How can the process and pre-VET programs be improved for a better support of the young unemployed Europeans?

The issue of 'Vocational biography design' linked to the practice of 'biographing with aesthetic means', known from art and media education as described in the proposal, has led us to the development of a so called "digital, multimodal biographical narrative for learning", defined in the framework of a workshop curriculum, applied with young people in the 6 partner countries, and to be evaluated to inform future recommendations for pre-VET.

For a group of young people often facing bad school results, and challenged by further individual problems, it is in fact not enough only to help them choose a vocational education or occupation only once. A career is not a one stop decision, but a lifelong process of learning, reflecting experiences, rating opportunities and deciding on (new) goals. Education should prepare for this process, taking into account the whole person, according to the development of the whole personality, including skills, interests, wishes, hopes and dreams. Young people need to gain a realistic view on their own competences beyond the marks at school, and learn to rate themselves and look for alternatives if something does not work out well. The general aims and learning goals identified in the project, are defined to support self-development, authorship, collaboration and communication. The workshop curriculum supports the students to understand the concept of digital biographical narratives and the meaning for their future. They are supported to relate it to vocational purposes, say how creating one could be useful to them and list some of the ways they could use them. Further they explore their own biography and identify those events, activities, skills and learning processes that they want to illustrate and capture. The young participants identify ways in which they can record these experiences and list some of the media they could use. The platform developed in the project will be shaped by them and customize it for their own use. They are encouraged to use the key features of writing, showing and telling a story to construct their own biographical narrative with a variety of visual means and appropriate digital media.

Our stated aim in this transnational comparison based on the 6 country reports was to establish a multi-dimensional approach to examine the state of the art of the VET systems and whether the pre-VET training measures offered in the countries are embedded in those regulatory frameworks or not. Drawing from the realities identified in the countries, we also looked at the labor market situations and socio economic context effected by the crisis in all partner countries in one way or another. Based on the analysis in the partner countries, the development of a European concept to improve the situation of the Young is the main aim of the project to be realized in the ongoing project. To this end, a multidisciplinary research team in the strategic partnership drew on secondary literature featuring from institutional VET and vocational preparation, organizational recruitment and human resource management, pre-VET training, digital technologies available for vocational preparation and orientation (job guidance) and froe gm other stakeholder sources. The international research team subsequently undertook primary research across six countries. This focus allows for detailed and systematic evidence to be established of the driving forces and responses to contemporary global influences on VET and vocational pre-training and preparation. Such an approach is distinct in that it supplements more nationally and supra-nationally oriented debates that are well established around the vocational education and pre-training domains. On the long run, cultural and organizational strategies for change in pre-VET may start from different points of departure, for instance, concerns over contents, quality, and technological impulses in pre-VET. However, in the realization of the strategies, there appears to be a convergence in the countries towards a greater focus on changing the content of pre-VET and improve the dialogue, using both to further cement the necessary transformation towards the improvement of vocational preparation and the situation of the young unemployed Europeans involved in it.

References

Bach, H. (2007): Composing Visual Narrative Inquiry, a Handbook of Narrative Inquiry. In: CALDININ, J. (ed.): Mapping a Methodology; pp. 280-307. Thousand Oaks, CA.

Biehl-Missal, B. (2011): Wirtschaftsästhetik. Wie Unternehmen die Kunst als Inspiration und Werkzeug nutzen. Wiesbaden.

Billmayer, F: (2014) Multimodale Kommunikation – eine neue Kultur-technik. In: Meyer, Th./Kolb, G. (Hg. 2015): What's next? Art education. Ein Reader, S. 185-186.

Blazinsek, A./Beguš, M. (2015): Country report from Slovenia, Erasmus+ project ‚Show your own gold‘, Ljubljana: Zavoid NEFIKS

BMBF Autorengruppe Bildungsberichterstattung (Hg.) (2014): Bildungsbericht 2014. Bielefeld. Retrieved from: http://www. bildungsbericht.de/daten2014/bb_2014.pdf [21.06.2015] BMBF 2014, p. 52 retrieved at: bmbf.de [20.4.2015].

Brater, M./Büchele, U./Fucke, E./Herz, G. (1989): Künstlerisch handeln. Die Förderung beruflicher Handlungsfähigkeit durch künstlerische Prozesse. Stuttgart.

Brater, M./Kugler, W./Peter, R./Weber, S. (1984): Kunst in der beruflichen Bildung. Theoretische Überlegungen zu den pädagogischen Chancen künstlerischen Übens. Großhesselohne.

Brater, M. et al. (2011): Kunst als Handeln – Handeln als Kunst. Was die Arbeitswelt und Berufsbildung von den Künstlern lernen kann. Bielefeld.

Cañete Correas, A./Hernández-Hernández, F. (2014). Afrontar el 'estigma' de la diferencia desde la comprensión de la cultura visual. (Addressing the ‚stigma‘ of difference from the understanding of visual culture). Invisibilidades, Revista Iberoamericana de Educaçâo, ultura e artes, 6, 22-34. Retrieved from: http://issuu.com/invisibilidades/docs/revista_invisibilidades_n6/1 [20.4.2015].

Cedefop: Career Guidance in unstable times. 2015, DOI: 10.2801/68123.Denzin/Lincoln (Eds.), (2011): The Sage Handbook of Qualitative Research. Thousand Oaks, California.

Domingo, M./Sánchez, J.-A./Sancho, J.M. (2014). Researching on and with Young People: Collaborating and Educating. Comunicar, 42 (XXI), 157-164.

Empain, J./Rifà, M./Sánchez de Serdio, A./Vidiella, J.(2013). Cultura visual y construcción de la identidad de las jóvenes procedentes del Sur de Asia: narrar(se) en un contexto de hibridación cultural. In Edarte, Grupo de investigación (ed.) Investigar con jóvenes: ¿Qué sabemos de los jóvenes como productores de cultura visual? Pamplona: Pamiela – Edarte (UPNA/NUP) Cañete Correas, A. & Hernández-Hernández, F. (2014). Afrontar el 'estigma' de la diferencia desde la comprensión de la cultura visual. Invisibilidades, Revista Iberoamericana de Educaçâo, cultura e artes, 6, 22-34.

Eurostat 2015: Being Young in Europe Today. Luxembourg: Publications Office of the European Union 2015. URL: http://ec.europa.eu/eurostat/documents/3217494/6776245/KS-05-14-031-EN-N.pdf/18bee6f0-c181-457d-ba82-d77b314456b9 [12.3.2015].

Fendler, R./Hernández-Hernández, F. (2015). Visual culture as living inquiry: looking at how young people reflect on, share and narrate their learning practices in and outside school. In: Aguirre, I. (2014): Mor thN img cnsmrs: Mapping and Evaluating Research on Young People as Visual Culture Producers. (pp. 281-299). Pamplona: Universidad Pública de Navarra.

Fischer, M. (2012): Erweiterung der Berufsorientierung in der Realschule (BerufReal). Entwicklung und Erprobung eines erweiterten Konzepts der Berufsorientierung in der Realschule, Forschungsantrag Karlsruhe/Stuttgart.

Gergen, K./Gergen, M. (2011). Reflexiones sobre la construcción social [Social constructionism: Entering The Dialogue]. Barcelona.

Griffith, J. (2001): An approach to evaluating school-to-work initiatives: post-secondary activities of high school graduates of work-based learning. Journal of Vocational Education & Training, 53(1): 37–60. doi: 10.1080/13636820100200147.

Heath, S./Brooks, R./Cleaver, E./Ireland, E. (2009). Researching Young People's Lives. London.

Hendrich, W. (2003): Berufsbiografische Gestaltungskompetenz (unveröffentlichl. Habilitationsschrift) Flensburg.

Hernández-Hernández, F. (2013). La cultura visual en los procesos de documentación sobre cómo los jóvenes aprenden dentro y fuera de la escuela secundaria (Visual culture in the process of documentation on how young people learn in and out of high school). Visualidades, v.11 (2), 73-91. DOI 10.5216/vis.v11i2.30686. Retrieved from: http://revistas.ufg.br/index.php/VISUAL/article/view/30686 [15.5.2015].

Hernandez-Hernandez, F. et al. (2015): Country report of Catalonia/Spain presented in the Erasmus+ project ‚Show your own gold‘, Barcelona: University of Barcelona.

Kämpf-Jansen, H. (2001): Ästhetische Forschung. Köln.

Kaufhold, M. (2004): Berufsbiografische Gestaltungskompetenz und Überlegungen zu deren Messbarkeit. In: Report: Literatur und Forschungsreport Weiterbildung 27 (2004) 4, S. 57-70. URL: http://www.bonn.de/espid/dokumente/doc--2004/nuissl04_02.pdf [23.06.2013].

Kirchhoff, S./Schulz; W. (2008): „Das Leben entfalten. Biografisch lernen – Biografisch lehren. Möglichkeiten und Grenzen zur Entwicklung biografischer Kompetenz in Schule, Aus- und Weiterbildung“, Flyer der Fachtagung, 6.-7.10. 2006, Universität Flensburg, Zentrum für Wissenschaftliche Weiterbildung.

Miño, R./Sancho, J.M. (2014). Exploring young people learning experiences through visual representations. Between online and offline, inside and outside school. In: Rethinking Educational Ethnography. Researching online communities and interactions. Proceedings of the Fourth Annual Conference. University of Copenhagen. Copenhagen, June 3- 4.

National Center for Research Methods. Multimodality: retrieved from: https://multi-modalityglossary.wordpress.com/multimodality [10.07.2015]

NEFIKS Project Website: retrieved from http://www.talentiran.si/en-nefiks [21.12.2015].

Papert, S. (1982): Gedankenblitze. Reinbek bei Hamburg: Rowohlt.

Passarinho, A./Nunes, T./Velhinho, A. (2015): Country report from Portugal, Erasmus+ project ‚Show your own gold‘, Beja: Polytechnic Institute of Beja, LAB:ACM - Art and Multimedia Laboratory, Karlsruhe.

Pazzini, K.-J. (2002): Bio muss erst grafiert werden. In: Blohm, Manfred (Hg.), 20029: Berührungen und Verflechtungen. Biografische Spuren in ästhetischen Prozessen. Köln.

Pimenta, P./Poovaiah, R. (2010): On Defining Visual Narratives. Design Thoughts, August, 25-46. Retrieved from: http://www.idc.iitb.ac.in/resources/dt-aug-2010/On%20Defining%20Visual%20Narratives.pdf [22.04.2015].

Pink, S. (2007): Doing Visual Ethnography: Images, Media and Representation in Research, 2nd ed. London. London.

Porres, A. (2012): Relaciones pedagógicas en torno a la cultura visual de los jóvenes (Pedagogical relationships around the visual culture of young people). Barcelona.

Powell, K. (2010). Viewing Places: Students as Visual Ethnographers. Art Education, 63(6), S. 44-53.

Reimann, D./Bekk, S. (2016): Künstlerisch-technische Medienbildung im BMBF-Forschungsprojekt „MediaArt@Edu": Ansatz, Ziele und Ergebnisse. In: Reimann, D./Bekk, S./Fischer, M.: Gestaltungsorientierte Aktivierung von Lernenden: Übergänge in Schule – Ausbildung – Beruf. Norderstedt.

Reimann, D./Huber, K./Kramer, K./Stoewe, K. (2015): Country report Germany. Erasmus+ project „Show your own gold". Karlsruher Institut für Technologie KIT.

Sennett, R. (1998): Der flexible Mensch. Die Kultur des neuen Kapitalismus, Berlin.

Seydel, F. (2005): Biografische Entwürfe. Ästhetische Verfahren in der Lehrer/innenbildung. Köln.

Statista 2015: Europäische Union: Jugendarbeitslosenquoten in den Mitgliedsstaaten im Oktober 2015, retrieved from http://de.statista.com/statistik/daten/studie/74795/umfrage/jugendarbeitslosigkeit-in-europa/ [20.5.2015].

The European Commission's Website 2014: retrieved from: http://www.http://ec.europa.eu/index_en.htm.

Voicu, L. (2015): Romania's lost generation. Country report from Romania, Erasmus+-project „Show your own gold" (Acronym), Budapest: SC AxA Consulting 99 SRL, Karlsruhe.

Wittwer, W. (2003): Die neue Beruflichkeit – Der Trend zur Virtualisierung des Berufskonzepts. In: Rolf Arnold (Hg.): Berufsbildung ohne Beruf? Berufspädagogische, bildungspolitische und internationale Perspektiven. Hohengehren (Grundlagen der Berufs- und Erwachsenenbildung, Band 34), S. 64–88.

Project information

A European Concept to Visualize and Reflect One's Vocational Biography Using Digital Media (Acronym: Show your own gold)

Duration: 2014-2017 | project code: 2014-1-DE02-KA202-001430

Funded under "ERASMUS+, Key Action 2, Strategic Partnerships"

Klaus Rummler, Walter Scheuble, Heinz Moser, Peter Holzwarth
Schulische Lernräume aufbrechen: Visual Storytelling im Berufswahlunterricht

Abstract

„Was wolltest du früher einmal werden, was willst du jetzt werden?" Entlang dieser zentralen Aufgabe stellten Schüler/innen von elf Sekundarschulklassen die Entwicklung ihre Berufswünsche mit Hilfe von Fotos dar und erläuterten diese im mündlichen Vortrag. Dies bildet den Kern des Schulprojekts „Visualisierte Berufswünsche: Potenziale der Fotografie für Berufsbildung und Berufswahlunterricht (VIBES)". Mit eigenen Fotografien sich der bisherigen Berufswünsche zu versichern, eröffnet Jugendlichen und Lehrpersonen neue Lernräume, die den Übergang von der Alltagswelt in die Schule dokumentieren und den Einstieg in den Berufswahlunterricht erleichtern. Dieser Beitrag präsentiert das Projekt „VIBES" und beschreibt die Konstruktion und Überprüfung des didaktischen Modells für den Berufswahlunterricht.

1. Berufswahl als riskante Chance mit hohem Orientierungsbedarf

Mit dem Übergang von der „modernen" zur „postmodernen" Gesellschaft hat sich die Situation der Berufswahl als eine wichtige Zäsur in der beruflichen Karriere junger Menschen verschärft. Becks Theorie der Individualisierung und Pluralisierung von Lebensmöglichkeiten und sein Konzept der Risikogesellschaft (1986) haben dazu wichtige Deutungsmuster beigetragen. Er geht davon aus, dass gegenüber früheren Zeiten immer mehr Menschen aus traditionellen Normen herausgelöst werden und aus einer pluralisierten Optionenvielfalt ihr eigenes Leben wählen dürfen und müssen. Einerseits ist dies ein Gewinn an Freiheit, auf der anderen Seite handelt es sich um riskante Chancen, da das Subjekt für das Gelingen seines gewählten Lebensentwurfes selbst die Verantwortung übernehmen muss. Das hinter dieser Entwicklung stehende Risiko beschreibt Beck als Flexibilisierung von Lebenslagen, welche für den Einzelnen große Unsicherheiten erzeugt. Enttraditionalisierung bedeutet z. B. für Risikolerner am Übergang von der Pflichtschulzeit ins Berufsleben den Wegfall traditioneller Wege beruflicher Ausbildung und Karriere sowie den Wegfall von Selbstverständlichkeiten im Verständnis bestimmter Berufe. Es ist nicht mehr selbstverständlich, den elterlichen Handwerksbetrieb zu übernehmen, und in vielen Bereichen ist das Selbstverständnis ganzer Berufsstände und -gruppen für Jugendliche nicht mehr greifbar oder verständlich (vgl. Rummler 2012, S. 43). Der rasante technische Wandel trägt zudem dazu bei, dass sich überkommene Berufsbilder häufig innert weniger Jahre total verändern. Vor diesem Hintergrund stellt sich die Frage, in welcher Form schulische Berufsorientierung, -information und -beratung auf gesellschaftliche Wandlungsprozesse dieser Art reagieren. Die damit verbundene Aufgabe bringt Peavy (1998, S. 58) auf den Punkt, der von einer beruflichen Beratung verlangt, die Menschen dabei zu unterstützen, unter diesen unvorhersehbaren Bedingungen auf eine befriedigende Weise zu „navigieren" und zu orientieren. Zentral wird dabei die Kooperation zwischen den berufssuchenden Jugendlichen, den Eltern, der Schule, der Berufsberatung und der Wirtschaft gesehen (Egloff/Jungo 2009). Die Kooperationspartner geben Entscheidungs- und Realisierungshilfen.

1.1 Die Bedeutung des Visuellen

Der Gedanke des „Navigierens" und „Orientierens" ist auch verbunden mit der Bedeutung visueller Stimuli. Dies hängt mit jenen konzeptuellen Aussagen zusammen, welche in der Gesellschaft allgemein eine verstärkte Bedeutungszunahme des Visuellen konstatieren und dies mit den Begriffen „visual turn", „pictorial turn" (Mitchell) oder „iconic turn" (Boehm) zum Ausdruck bringen: „Bildungs-, Lern- und Sozialisationsprozesse werden heute generell viel stärker als früher durch Bilder beeinflusst." (Marotzki/Niesyto 2006, S. 7). All diesen Überlegungen ist gemeinsam, dass sie mit der heutigen Informations- und Mediengesellschaft eine starke Zunahme von visuellen Kommunikationsangeboten verbinden. Die Dominanz der Schriftsprache wird durch multimodale Ausdrucksformen gebrochen, welche verstärkt mit Visualität verbunden sind (vgl. Kress/van Leeuwen 2001, S. 1). Bilder dienen den Heranwachsenden als symbolische Ausdrucksmittel, die sie zur Beziehungsregulierung nutzen. Visualisierungen ermöglichen die Thematisierung von Aspekten des inneren Erlebens, die dem sprachlichen Bewusstsein nicht direkt zugänglich sind. „Der Blick durch die Kamera führt nach aussen - und nach innen." Mit dieser Charakterisierung verdeutlicht Kunz (2010, S. 69) das Potenzial der Fotografie, über die Beschäftigung mit dem physisch wahrnehmbaren Äußeren eine Auseinandersetzung mit sich selbst anzustoßen. Es ist davon auszugehen, dass bei der fotografischen Visualisierung von Berufswünschen bereits bestehende innere Bilder eine Rolle spielen. Diese können sowohl durch persönliche Erfahrungen mit Berufen im Alltag geprägt sein (z. B. Lehrperson, Bäcker, Busfahrer) als auch durch mediale Erfahrungen (z. B. Kriminalkommissar). Je nachdem, ob in konkreten Berufsfeldern dokumentarisch fotografiert wird oder ob Berufe inszeniert werden, kommen die bestehenden Vorstellungsbilder mehr oder weniger zum Tragen. Durch die Produktion konkreter Berufsbilder entsteht die Chance, bestehende Vorstellungsbilder zu reflektieren und zu hinterfragen.

1.2 Photo-elicitation als „Visual Storytelling"

Eine Schwierigkeit beim Einsatz von Bildern in Interpretationsprozessen ist deren Mehrdeutigkeit. Dies kann interpretierende Betrachter zu Aussagen über deren Bedeutung verleiten, die als Lesart zwar möglich, aber hochspekulativ sind (vgl. Moser 2005, S. 27). Um diesem Dilemma zu entkommen, ist im Rahmen der visuellen Forschung das Konzept der Photo-elicitation entwickelt worden, mit welchem Fotos mit narrativen Interviews der Betroffenen kombiniert werden (Harper 2002, S. 13). Bei der Methode der Photo-elicitation werden Fotos zum Anlass von qualitativen Interviews genommen. Häufig sind es dabei Fotos, welche in einer ersten Forschungsphase von den Interviewten im Sinne von Foto-Tagebüchern (Moser 2008, S. 138 f.) selbst gemacht wurden. Eine mit Photo-elicitation verbundene Annahme geht davon aus, dass es Menschen mit geringeren kulturellen und ökonomischen Ressourcen (aus bildungsbenachteiligenden Milieus) und in diesem Zusammenhang auch häufig Migrant/innen oft leichter fällt, sich mittels Bildern statt mittels Sprache auszudrücken. In diesem Sinne betont auch Holzwarth, dass Kinder und Jugendliche, die sich sprachlich noch nicht so gut mitteilen können, über den visuellen Ausdruck eine Ergänzung ihrer Kommunikationsmöglichkeiten erhalten (vgl. Holzwarth 2008).

2. Visualisierte Berufswünsche: Projektrahmen und Ziele

In der Schweiz entscheiden sich 80% der 13- bis 16-jährigen Sekundarstufenschüler/innen für eine Berufslehre, während 20% ihre Berufswahl durch den Besuch eines Gymnasiums auf später verschieben (Bundesamt für Statistik 2013). In der Berufswelt und in der Berufsbildung hat die Arbeit mit Medien einen hohen Stellenwert. Dies sollte auch der Berufswahlunterricht verstärkt abbilden. Auf diesem Hintergrund hat das an der PH Zürich initiierte und in Zusammenarbeit mit dem Laufbahnzentrum der Stadt Zürich durchgeführte Schulprojekt „VIBES" (gefördert durch den Schweizerischen Nationalfonds) mit Fotografien zu den eigenen Berufswünschen von Jugendlichen gearbeitet, welche diese selbst gestalteten. Gleichzeitig entstanden aus der Fotodokumentation visuelle und narrative Berufsbiografien, welche die Schüler/innen mittels einer

178

PowerPoint-Präsentation vorgetragen haben. Die Präsentationen in elf teilnehmenden Schulklassen sind eines von zwei Teilprojekten – das andere widmet sich der Nutzung visueller Methoden in der Berufsberatung (Laufbahnzentrum der Stadt Zürich: Daniel Jungo) – und sollen helfen, ein neues didaktisches Modell für den Einstieg in den Berufswahlunterricht zu entwickeln. Das Projekt geht dabei von der These aus, dass insbesondere sozial und ökonomisch benachteiligte Gruppen ihre Ressourcen und Potenziale besser entfalten können, wenn sie ihre Berufsbiografien gestützt über Visualisierungen narrativ erfassen und vortragen können. Aber auch der Berufswahlunterricht verändert sich selbst, wenn über die sprachliche Auseinandersetzung mit Berufswünschen hinaus verstärkt visuelle Elemente wie Fotografien eingesetzt werden. So meint einer der beteiligten Lehrpersonen im Nachgespräch: „Was mit an diesem Projekt sehr gut scheint ist, dass sie sich mit ihrer Berufswahl, mit ihren Berufsträumen auseinandersetzen mussten. Dass sie selber die Veränderungen in sich gemerkt haben. «Ich bin von der Prinzessin, über Königin zu Köchin geworden.» (Aussage einer Schülerin im Projekt)“. Das Arrangieren oder „Kuratieren“ von Fotografien zu einer kleinen Geschichte ist dabei ein Teil aktiver Identitätsarbeit, bei der multimodale Repräsentationen eine tragende Rolle spielen. Die anschließende Versprachlichung der „Bildgeschichten“ mit Blick auf die Präsentation bietet einen Beginn des Berufswahlentscheidungsprozesses und ermöglicht vielerlei Anschlussgespräche zwischen Schüler/innen, aber auch mit Lehrpersonen und Eltern. Nicht zuletzt wird dadurch der traditionelle schulische Lernraum gegen Außen aufgebrochen und wird so durchlässig für Impulse aus der Alltagswelt der Jugendlichen.

2.1 Konstruktion und Überprüfung eines didaktischen Modells zur visuellen Berufserkundung in den Sekundarschulen

Dieser Teil des Projekts umfasst einen konstruktiven und einen evaluativen Teil:

(a) Im konstruktiven Teil ging es darum, das Konzept „Visual Storytelling“ in ein didaktisches Modell umzusetzen, das von interessierten

Lehrpersonen im Kanton Zürich im Berufswahlunterricht umgesetzt werden sollte. Dabei war es eine wesentliche Voraussetzung, den Lehrpersonen mit der Ausarbeitung von PowerPoint-Präsentationen durch Schüler/innen einen niederschwelligen Zugang zum Arbeiten mit Bildern in der Schule zu ermöglichen. Im Rahmen der Arbeit mit PowerPoint sollten die beteiligten Schüler/innen Erzählungen über ihre Berufswünsche produzieren, die dann wiederum im Projektkontext zu analysieren sind. Darüber hinaus sollte die Projektarbeit intensive Kommunikationen zwischen Lehrpersonen und Schüler/innen sowie zwischen diesen anregen.

(b) Der evaluative Teil untersucht die Arbeit an den Schulen auf einer empirischen Basis mit quantitativen und qualitativen Methoden. Für die Mitarbeit am Projekt wurden über interessierte Lehrpersonen elf Sekundarschulklassen (Typ A, B und C) in den Kantonen Zürich (ZH), Schaffhausen (SH) und Solothurn (SO) gewonnen. Unter den Schüler/innen sind auch jene Gruppen stark vertreten, für welche infolge schwacher Schulleistungen, Migrationshintergrund und/ oder sozialer Lage die Berufswahlsituation eine besondere Herausforderung darstellen könnte.

Konstruktion eines Unterrichtsmodells

Das didaktische Modell „Visual Storytelling" ist im Rahmen eines mehrstufigen Berufswahlprozesses zu verorten, wie er im Lehrplan der Volksschule verankert ist. Das „Visual Storytelling" ist vor allem als Einstieg in den Berufswahlprozess zu sehen. Schüler/innen werden sich selbst über aktives Fotografieren und mit den anschließenden Diskussionen bewusster über ihre Berufswünsche, deren Wandel und über den aktuellen Stand ihrer diesbezüglichen Überlegungen. Dies bereitet sie auf den anschließenden Entscheidungsprozess vor, der zur Wahl eines Lehrberufs führt. In diesem Sinn ist das Projekt und die Intervention in den elf Schulklassen (Experimentalgruppen) auf dem Hintergrund eines „Design-based Research" Projektes gleichsam die Entwicklung eines verallgemeinerten Unterrichtsmodells, das während der Interventionen in den Klassen entsteht. Eine zweite Gruppe von 10 Klassen startete den Berufswahlunterricht ohne das vorlaufende Berufswünsche-Projekt (Kontrollgruppen).

2.2. Evaluation des Unterrichtsmodells zur visualisierten Berufserkundung

Die Erprobung und Evaluation des Konzepts erfolgt iterativ und teilweise begleitend zu den anwendungsorientierten Interventionen in den Schulklassen. Dabei wurden drei unterschiedlich perspektivische Zugriffe gewählt:

(a) Schulbesuche bei den elf Experimentalgruppen

In den elf Klassen der Experimentalgruppe wurden die Präsentation und Diskussion der Vorträge mit Video aufgenommen und mit verschiedenen qualitativen Verfahren und Schwerpunkten systematisch interpretiert. Die Aufnahmen wurden durch die Forschenden organisiert, die gleichzeitig den Unterrichtsprozess beobachteten und im Sinne teilnehmender Feldbeobachtung ihre Wahrnehmungen aufzeichnen. Erste Ergebnisse in Bezug auf Visualisierungsstrategien und narrative Strukturen präsentiert Kapitel 3.1.

Bei diesem Element geht es nicht allein um die Analyse der Wirkung des didaktischen Modells. Weitere Auswertungsschritte werden auch biografische Fragen zur Berufswahl einschließen: Woher kommen Berufswünsche? Wie wichtig sind sie für die Jugendlichen? Gibt es eine Entwicklung, die in den Erzählungen deutlich wird etc.?

(b) Die Evaluation der Schüler/innenperspektive

Bei den Schüler/innen aller 21 Klassen wurde ein quantitativer online-Fragebogen eingesetzt. Angesichts der Fallzahl von 412 Schüler/innen, die am Projekt beteiligt sind, war eine korrelationsstatistische Auswertung möglich, wobei Kriterien wie Geschlecht und Migrationshintergrund einbezogen wurden. Speziell die Experimentalgruppen sollten das Unterrichtsmodell und insbesondere den Aspekt visualisierte Berufserkundung bewerten. Neben geschlossenen wurden auch offene Fragen einbezogen, welche eine differenziertere Meinungsäußerung erlauben. Die

Ausarbeitung des quantitativen Fragebogens erfolgte parallel zur Entwicklung des Unterrichtsmodells.

(c) Evaluation zur Perspektive der Lehrpersonen

Um die Perspektive der Lehrpersonen in den Entwicklungsprozess einzubeziehen, wurden nach Abschluss der Schulbesuche (a) und nach der ersten Datensichtung der online-Schülerbefragung (b) leitfadengestützte Fokus-Gruppengespräche mit jeweils 3 bis 4 der insgesamt 15 Lehrpersonen durchgeführt. Ziele der Interviews waren die Rückspiegelung der Ergebnisse der Fragebögen, eine Diskussion darüber, wie ein Einstieg in den Berufswahlunterricht zu gestalten wäre und eine detaillierte Evaluation der Projektphase aus der Sicht der beteiligten Lehrpersonen. Die Gruppengespräche wurden videografiert und die Teilnehmenden erhielten im Anschluss eine schriftliche Zusammenfassung. Die noch laufende Auswertung der Gruppengespräche wird zeigen, inwiefern die Lehrpersonen die Einschätzungen der Schüler/innen bestätigen können, wie die Lehrpersonen das didaktische Setting einschätzen und wie das Modell angepasst werden müsste.

Literaturverzeichnis

Beck, U. (1986): Risikogesellschaft - Auf dem Weg in eine andere Moderne. Frankfurt/Main.

Bundesamt für Statistik (2013): Gymnasiale Maturitätsquoten. http://www.bfs.admin.ch/bfs/portal/de/index/themen/15/06/dos/blank/05/01.html

Harper, D. (2002): Talking about pictures: A case for photo elicitation. Visual Studies, 17(1), 13–26. doi:10.1080/14725860220137345

Holzwarth, P. (2008). Migration, Medien und Schule Fotografie und Video als Zugang zu Lebenswelten von Kindern und Jugendlichen mit Migrationshintergrund. (H. Niesyto, Hg.) (1. Aufl., Bd. 3). München.

Egloff, E./Jungo, D. (2009): Berufswahltagebuch. Kommentare für Lehrpersonen. Bern.

Kress, G./Leeuwen, T. van. (2001).:Multimodal Discourse: The Modes and Media of Contemporary Communication. London.

Kunz, R. (2010): Der Blick durch die Kamera führt nach aussen - und nach innen. Urbane Lebenswirklichkeit in der Fotografie von Jugendlichen. NZZ. Zürich.

Moser, H. (2005): Visuelle Forschung – Plädoyer für das Medium Fotografie. In: MedienPädagogik, 9. www.medienpaed.com/Documents/medienpaed/9/moser0503.pdf

Moser, H. (2008). Instrumentenkoffer für die Praxisforschung: Eine Einführung (4., überarbeitete Auflage.). Freiburg.

Niesyto, H./Marotzki, W. (2006): Einleitung. In W. Marotzki/H. Niesyto (Hg.), Bildinterpretation und Bildverstehen (S. 7–13). VS Verlag für Sozialwissenschaften. doi:10.1007/978-3-531-90399-6_1

Peavy, R. V. (1998): SocioDynamic Counselling: A Constructivist Perspective. Victoria.

Rummler, K. (2012): Medienbildungschancen von Risikolernern. Eine Analyse der Nutzung mobiler und vernetzter Technologien durch männliche jugendliche Risikolerner und die in den Nutzungsmustern angelegten Chancen für Medienbildung. Kassel. doi:10.978.300/04045

Tim Brüggemann, Christian Weyer,
Katja Driesel-Lange

The management of school to work transition – present challenges and future prospects

Abstract

The transitional period between school and work in Germany is currently characterized by an increasing number of different initiatives in the past few years. One central element of these initiatives is the local structure that has been created for the transition from school to work in many German regions. A well-funded data basis is essential and can also be used to point out new ways to both, support the administration in improving the initiatives and the accompanying scientific research field. Below, it will be portrayed where and why empiric data make sense in this field of work. Nevertheless, also the obstacles, which have to be overcome in the future in Germany, will be described. The observations are theory-based reflections and experiences made in project regions of one funding initiative of the German Federal Ministry of Education and Research (Bundesministerium für Bildung und Forschung, BMBF).

Introduction

The transition from school to work in Germany was brought into the focus to numerous initiatives in the past few years. They are aiming at structuring the possibilities and offers, extending them as well as finally evaluating them. And even the persons involved with regard to the special and ever-growing requirements should be professionalized in the area of education transition and career guidance. Amongst others, local structures have been created for supporting the transitional period between school and work in many German regions. In so-called 'coordinating centres' an increasing number of staff is working every day in order to bring the concept of 'regional transition management' to life. This development also entails new tasks in guidance. Thus, confirmed knowledge and a well-funded data basis seem necessary. Because on one hand it is important to enable the bodies involved aiming to further develop new initiatives by providing knowledge about the school to work transition and the needs of the pupils. On the other hand, in terms of quality-development, we need pedagogical interventions on the basis of the analysed acceptancy and effects of previous actions. Beside this pedagogical perspective, the transition from school to work did not only gain more attention in perspective of the administration responsible for education. Even also the accompanying scientific research field is growing. In this specific research field as well, the 'empiric change' is supporting the developing initiatives and shifts.

Five years ago, nowadays the acting persons are linked nor processes are made transparent and the effect was evaluated. The unsystematic and oftentimes not enough reflected implementation of concepts led to action of bodies and persons in the same line of work apart from each other.

Regional transition management taken literally…

In the relevant economic literature, the typical functions and tasks for management are frequently described as the 'basic four': 'planning, organizing, leading and controlling' (Robbins/DeCenzo/Coulter 2011, p. 6). Transferred to a regional transition management from school to work this would mean that persons or organisations do the planning, organizing, leading and controlling of efforts in the passage from school to work on regional level.

These efforts can be related to the sector of transitional propaedeutic (Brüggemann/Rahn 2012, p. 13) meaning to a period of preparation for the nearing educational transition whilst attending kindergarten or regular school classes (Magnuson/Starr 2000) as well as to the period of post-qualification-treatments in the 'transitional system' (cf. Konsortium Bildungsberichterstattung 2006). Both areas, the transitional propaedeutic and the transitional system itself, fan out into broad possibilities of treatments and concepts in school-related and non-school-related segments.

If intending to manage this complex field of education with all four tasks based on data, then empirically supported parameter need to be available. Empirical data show the needs of pupils depending on their individual career development. Due to the fact that if one wants to intervene in the transitional segment school to work according to the needs, one can only act in the first management task 'planning' stage when being able to largely rely on facts not assumptions. It is essential to first create the basis for planning in order to be able to make solid statements concerning the offer and demand ratio. Analysing the existing interventions in place for young adolescents can help to systematically grasp the entire range of offers and map out the myriad of supporting measures. This plays also a part in contributing to the research gap of the research field "Vocational Education and Training" in German-speaking countries (Brahm/Euler/Steingruber 2014).

Taking stock

It is well known that the transition from school to work is a huge challenge (Niles/Bowlsbey 2009). All actors who support this passage agree upon one thing: there is no shortage of concepts, offers and interventions in Germany (cf. Lippegaus-Grünau/Mahl/Stolz 2010). Basically, this could be considered as a favourable environment. But apparently, not only the transition itself is a problem during this educational passage. Instead, also the range of offers comes with some difficulties. With the notion 'Maßnahmendschungel' ('jungle of treatments'; Richter 2012, p. 4) the phenomenon of the thick and confusing conglomerate of promotional offers has established itself in the German discussion of transitional management deep inside the educational and pedagogical debate. The origin of this excess supply stems from many factors. On one hand, the transition from school to work lies in various responsible hands on regional, federal state and federal level. On the other hand, this leads to the fact that numerous institutions and players on state level but also from private companies share the responsibility for this interface in the life of young people. Sometimes they even offer supporting treatments themselves or make funds available for them. A flood of promotional initiatives and various possible projects in the past few years lead to a point where instruments and treatments in order to support the transition from school to work sprang up like mushrooms (cf. Brüggemann 2010). One can also see that occupational orientation is not only 'booming' but also sort of 'blooming'.

In order to understand why this pedagogic field grew that fast, the market potential needs to be taken into account in this educational segment. Having a look at the figures from the Federal Employment Office suffices. Within the framework of the SGB III § 48 (Social Security Code) for the increased occupational orientation, the Federal Employment Office is willing to fund interventions for occupational orientation at schools with 50% co-financing. Schools can engage public or private educational providers. Schools task them to develop and undertake projects for pupils. In 2009, the Federal Office has provided a total of 65.5 million Euro for co-financing interventions with the purpose of (enlarged) increased occupational orientation (cf. Kupka/Wolters 2010, p. 8). This segment of common law alone achieved a total worth of 131 million Euro. When having a look at the numerous other areas of common law and possibilities for financing (cf. GIB 2012) one can start guessing the overall annual market share.

As this field of education offers some characteristics of the market, it cannot be denied that this field also displays economic side effects such as marketing or even lobbyism for certain products (Rees 1997). These

188

economic processes are suitable for making it even harder for the customers (teachers, parents, adolescents) to choose the fitting educational offer for the right target group. To choose an instrument or a specific intervention from such a wide range without clear selection criteria or quality standards is even harder for the users under these circumstances.

The call for cutting down this 'jungle of treatments' is as a consequence only logical and comes from all sides (cf. Richter, 2012, p. 4). The questions of how and according to which criteria parts of this jungle could be cut down have so far not been answered neither by the political nor the practical or scientific side. But in the scientific community there is a claim for evidence-based intervention. Otherwise we would keep going in practicing "pedagogical folklore" (Leutner 2010).

At the same time, it would be incorrect to assume that no one would act. For example a new transition system (cf. MAIS NRW 2011) has been implemented in Northrhine-Westphalia due to political requirements. Thus, several binding and overarching standardised instruments (cf. MAIS NRW 2011) are countering this 'jungle of treatments'. This is linked with the hope of drying out the breeding ground of the jungle. The strategy of trying to control the rank growth of the jungle by establishing a monoculture also seems at first glance random as it is void of any solid data basis. If it is the aim to cut a clearing in the jungle of treatments, then the means is not only to reduce the number of offers but instead to separate the wheat from the chaff in order to leave only selected, fitting offers of high quality in the region. Ultimately, only (comparing) scientific evaluation studies can deliver statements concerning effect and sustainability (Griffith 2001).

Regardless of any preferences concerning deforestation, monocultures or mixed forest: one has to decide for it before changing the forest. One has to know it. A precondition for any restructuring or reform is that the field to be reformed has been analysed and documented with all the specifications in advance. This means: the person intending to cut down the forest should start by mapping it out, determining the diversity of species and then in a second step align the proceedings with the findings and the data collected. Rushing into action can only be replaced by anticipatory tailored actions if one knows what to work with and some guidance. With this realisation in mind, numerous regions and municipalities came together within the framework of a support programme by the Federal Ministry of Education and Research (cf. Richter 2012) in order to document their regional range of offers. For example, through stock taking analysis the offers for vocational orientations were researched, analysed and made public.

Survey among school children

Within the setting of mentioned stock taking, the customers benefitting from these interventions should not be forgotten. It is not clear what kind of offer the user, the client and in particular adolescents actually take when it comes to vocational orientation, or how they assess the offer and what kind of support is needed under which circumstances. Surveys among school children are supposed to give some idea concerning the pupils' needs. They also give hints for contributions to a tailored and fitted career guidance and transition support. At these occasions one can witness that during surveys of school children best practices on the one hand but also specific regional knowledge on the other can be gained.

One example: Through longitudinal studies of adolescents in one grade cohort over several years, exemplary and to a large extend also transferrable knowledge with regard to vocational orientation comportment of young people could be won.

First results in Germany show – though with large individual differences – that adolescents actually start in seventh grade to think about their future career. They seem to be interested in this topic from a young age on and take an active approach. They in particular benefit from well-prepared work placements with a good wrap-up. Interventions have a good effect when they are not used too restrictively. Few benefits come from the 'package deals', based on the principle of the 'watering can', meaning spilling a bit everywhere, for all adolescents of one age group. This is due to the fact that pupils undergo the process of career development under partly extremely diverse patterns. Supporting treatments are consequently only effective if they are tailored and brought in at the right time (cf. Lippegaus-Grünau 2012, Ratschinski/Struck 2012; Rahn/Brüggemann/Hartkopf 2012).

In order to find out what needs and which user comportment young people really have in a certain region, the only viable means is conducting regional surveys of school children on the spot (Barabasch 2012).

Evaluation

The above-mentioned analysis of the demand-supply ratio is only the first step of the first partial task within the framework of the regional transition segment within the entire management process. Next to the partial task planning, also future steps have to be organised, the implementation needs to be coordinated and subsequently controlled in the further course of the transition segment from school to work. Once again, solid data to rely on are also needed in order to fulfil these tasks.

When describing the ideal sequence for creating transparency on the transitional stage, the Deutsche Jugendinstitut (DJI, German Youth Institution) recommends the regions to use the programme 'Perspektive Berufsabschluss' ('Vista training qualification'). For example it is necessary to develop quality standards for amongst others in the evaluation process (Braun/Reißig/Richter 2011, p. 24). Via this effect control, actions can be recommended to continuously improve the regional transition management by steadily harmonising the aims within the treatments. At the same time, the DJI draws attention to the following: comparing evaluations, meaning when interventions for achieving the same goal but by various providers are examined, is doubtless '...politically sensitive' (ibid.). Due to the above-mentioned market situation in the segment of vocational orientation, this may not come as a surprise. Whichever regional transition segment has already been in the situation to have to decide or judge upon the pro or con of implementing certain interventions in a region, has presumably felt the specific sensitivity. During such procedures it is not only about large amounts of money but possibly also about maintaining existing structures, opposing political positions or personal sensitivities. Nevertheless, it does make sense and it is practically obligatory to tackle this partial task within the transition segment as well. In the end, this step further strengthens the credibility of the entire regional transition management. Those who link actors, identify mutual goals and implement quality standards will in the medium and long term be measured by their examination of the process in order to put them into practice. When it comes to an examination of instruments and interventions for vocational orientation it does not suffice to merely rely on feedback of participants. Because firstly this feedback is mainly requested by the service providers themselves which in turn puts the necessary neutral stance of the surveying body into question. Secondly, this feedback usually comes in form of questionnaires which are sometimes drafted with a problematic methodology. For example when questions with a positive connotation represent the majority of questions it can lead in turn to a construed feedback (cf. Sander/Kühmichel 2008, p. 2). And thirdly, in many cases participants are questioned immediately after participating in a treatment. This proceeding might lead to the cognitive psychological effect called the 'hindsight bias' (cf. Blank/Musch/Pohl 2007). New information (for example by using an instrument for vocational orientation) expands or respectively updates the adolescent's knowledge. On the day of the procedure pupils look at the increase in their knowledge, gained through the treatment of career guidance, compared to their level of information beforehand. It often results in a positive feeling concerning what they learned. But after a few weeks they have the impression that they 'always' knew what they know now so that the intervention did not provide them with a lot of new information. In retrospective, they would have a much more negative opinion of the intervention compared to right after it. Fourthly, also additional reversed aspects, such as a keen interest in offers of career guidance, curiosity of the adolescents, personal advice by a coach as external person on the day of the process can lead to a (temporary) more positive judgement of the treatment. It is also possible that a high degree of involvement and positive feedback during the day of the survey might lead to a construed outcome (bonus effect) (cf. Sander/Kühmichel 2008, p. 3). Last but not least, during surveys concerning the use of instruments for the transition between school and work a specific effect was described: adolescents consider practically all treatments of voca-

192

tional orientation on average positive (cf. Rahn/Brüggemann/Hartkopf, 2012 p. 114). This means that from a positive feedback alone, one cannot conclude relevant knowledge for further guidance of the regional transition management. Only when combining several – or in a direct comparison – two treatments, the differences in assessment can be highlighted.

Conclusion and outlook

Knowing the above – mentioned influencing factors – feedback of participants is considered as a fragile source of information and cannot be compared with standardised evaluations – in particular when aiming at finding out something about the effectiveness and sustainability of specific vocational orientation treatments. Whenever regional transition management dispose of the means and resources to conduct a scientific evaluation with defined criteria of quality (cf. Braun/Reißig/Richter 2011, p. 24) they should seize the opportunity even though it might appear more difficult.

Some empiric guidance and establishing a culture of evaluation and control of effectiveness in vocational orientation and the transition management from school to work is based on the described discussion points highly welcomed as consequently the practical steps can be based on specific facts and insights. In Germany, there is the overall need for more data in any case. This becomes very apparent when having a look at the results of a research report published in 2010 by the IAB (Deutsches Institut für Arbeitsmarkt und Berufsforschung – Institute for labour market and occupational research) as it stated the following: in 2008 '2848 interventions of the (expanded) increased vocational orientation at federal level' were counted; of those only 17 were accompanied by scientific measures (cf. Kupka/Wolters 2010). This alone – even though one can assume that the data collection has been intensified in the past few years – leads to calling the data basis and the according level of knowledge in the area of the regional transition management in Germany as probably highly insufficient.

Finding the balance between too few known facts and too much guidance in the educational passage between school and work will continue to be one of the major challenges for regional transition management in Germany in the next few years. It will bring two aspects into account: First, the development of suitable instruments measuring the outcome of interventions in terms of career adaptability (cf. Kaak et al. 2013). Second, there is an empirical-based strategy for quality development required (cf. Mittag/Bieg 2010; cf. Driesel-Lange 2011). This could be the starting point for an improvement of vocational orientation focussing effects on individual support.

References

Barabasch, A. (2012): Meeting the challenge: between depopulation and new industrialization. Innovations in VET in Eastern Germany. Journal of Vocational Education & Training, 64 (4), 403–416. doi: 10.1080/13636820.2012.691540.

Blank, H./Musch, K./Pohl, R.F. (2007): Hindsight bias: On being wise after the event. Social Cognition (25), 1–9.

Brahma, T./Eulera, D./Steingruber, D. (2014): Transition from school to VET in German-speaking Switzerland. Journal of Vocational Education & Training 66(1), 89–104.

Braun, F./Reißig, B./Richter, U. (2011): Regionales Übergangsmanagement Schule – Berufsausbildung: Handlungsempfehlungen der wissenschaftlichen Begleitung. München. DJI.

Brüggemann, T./Rahn, S. (2012): Der Übergang Schule-Beruf als gesellschaftliche Herausforderung – Entwicklung, rechtliche Verankerung und pädagogischer Auftrag der Berufsorientierung. In: Brüggemann, T./Rahn, S. (Eds.), Berufsorientierung. Ein Lehr- und Arbeitsbuch (pp. 11–26). Münster.

Brüggemann, T. (2010): Berufliches Übergangsmanagement – Herausforderungen und Chancen. In: Sauer-Schiffer, U./Brüggemann, T. (Eds.), Der Übergang Schule – Beruf. Beratung als pädagogische Intervention (pp. 57–78). Münster.

Driesel-Lange, K. (2011): Berufswahlprozesse von Mädchen und Jungen. Interventionsmöglichkeiten zur Förderung geschlechtsunabhängiger Berufswahl. Münster.

Gesellschaft für innovative Beschäftigungsförderung mbH (GIB) (2012): Jugend und Beruf. Gesetzliche Grundlagen der Förderung. GIB. Retrieved from GIB Website: http://www.gib.nrw.de/service/downloads/ JuB_GesetzlicheGrundlagen.pdf.

Griffith, J. (2001): An approach to evaluating school-to-work initiatives: post-secondary activities of high school graduates of work-based learning. Journal of Vocational Education & Training, 53(1): 37–60. doi: 10.1080/13636820100200147.

Kaak, S./Kracke, B./Driesel-Lange, K./Hany, E. (2013): Diagnostik und Förderung der Berufswahlkompetenz Jugendlicher. bwp@ Spezial 6 – Hochschultage Berufliche Bildung 2013, Workshop 14, Hg. v. Driesel-Lange, K./Dreer, B., 1-13. Download unter: http://www.bwpat. de/ht2013/ws14/kaak_etal_ws14-ht2013.pdf [Zugriff 27.12.2014].

Konsortium Bildungsberichterstattung im Auftrag der Ständigen Konferenz der Kultusminister der Länder und des Bundesministeriums für Bildung und Forschung. (2006): Bildung in Deutschland 2006. Ein indikatorengestützter Bericht mit einer Analyse zu Bildung und Migration. Bielefeld.

Kupka, P./Wolters, M. (2010): Erweiterte vertiefte Berufsorientierung. Überblick, Praxiserfahrungen und Evaluationsperspektiven. IAB Forschungsbericht 10/2010. Nürnberg.

Leuter, D. (2010): Perspektiven pädagogischer Interventionsforschung. In: Hascher, T./ Schmitz, B. (Hg.): Pädagogische Interventionsforschung. Theoretische Grundlagen und empirisches Handlungswissen (S. 63–72). Weinheim.

Lippegaus-Grünau, P./Mahl, F./Stolz, I. (2010): Berufsorientierung. Programme und Projekte von Bund und Ländern, Kommunen und Stiftungen im Überblick. München: DJI.

Lippegaus-Grünau, P. (2012): Newsletter Good Practice Center. Bundesinstitut für Berufsbildung, (115). Bonn.

Ministerium für Arbeit, Integration und Soziales des Landes NRW (MAIS) (2011): Neues Übergangssystem Schule – Beruf in NRW. Zusammenstellung der Instrumente und Angebote (Workingpaper, 31.01.2012).

Mittag, W./Bieg, S. (2010): Die Bedeutung und Funktion pädagogischer Interventionsforschung und deren grundlegende Qualitätskriterien. In: Hascher, T./Schmitz, B. (Hg.), Pädagogische Interventionsforschung. Theoretische Grundlagen und empirisches Handlungswissen (S. 31 - 47). Weinheim.

Magnuson, C.S./Starr, M.F. (2000): How Early is too Early to Begin Life Career Planning? The Importance of the Elementary School Years. Journal of Career Development (27)2, 89–101.

Niles, S.G./Harris-Bowlsbey, J.G. (2009): Career Development Interventions in the 21st Century. Pearson.

Rahn, S./Brüggemann, T./Hartkopf, E. (2012): Berufliche Orientierungsprozesse Jugendlicher in der Sekundarstufe I. Ergebnisse aus dem Berufsorientierungspanel (BOP). In Brüggemann, T. & Rahn, S. (Eds.), Berufsorientierung. Ein Lehr- und Arbeitsbuch (pp. 109–122). Münster.

Ratschinski, G./Struck, P. (2012): Entwicklungsdiagnostik der Berufswahlbereitschaft und -kompetenz. Konzeptüberprüfungen an Sekundarschülern in einer regionalen Längsschnittstudie. Berufs- und Wirtschaftspädagogik - online (22), 1–18. Retrieved from BWBAT Website www.bwpat.de/ausgabe22/ratschinski_struck_bwpat22.pdf.

Rees, G. (1997): Vocational Education and Training and Regional Development: an analytical framework. Journal of Education and Work, 10(2), 141–149. doi: 10.1080/1363908970100203.

Richter, U. (2012): Datengrundlagen als Ausgangspunkt für eine verbesserte schulische Vorbereitung auf den Übergang Schule – Beruf. Erfahrungen und Handlungshinweise aus der Förderinitiative Regionales Übergangsmanagement. München: DJI.

Robbins, S.P./DeCenzo, D.A./Coulter, M. (2011): Fundamentals of Management. Essential Concepts and Applications. 7. Vol. Boston.

Autorenverzeichnis

Ahrens, Daniela, Dr., Akademische Rätin auf Zeit, stellvertretende Abteilungsleiterin der Abteilung Lehren, Lernen, Organisation am Institut Technik und Bildung (ITB) der Universität Bremen. Arbeitsschwerpunkte: soziale Ungleichheiten, Biografie- und Übergangsforschung, Wandel von Arbeitsprozessen

Beichel, Johann J., Prof. Dr. Dr., Universität Heidelberg, Institut für Bildungswissenschaften: Ästhetische Bildung; Forschungsstelle Lehrerberufseignung, Karlsruher Institut für Technologie KIT, Musikhochschule Mannheim: Musikdidaktik

Bekk, Simone, Dr., Wissenschaftliche Mitarbeiterin im BMBF-Forschungsprojekt „MediaArt@Edu" und „LernKomp", Institut für Berufspädagogik und Allgemeine Pädagogik, Karlsruher Institut für Technologie KIT

Brater, Michael, Prof. Dr., Soziologe und Berufspädagoge, Institut für philosophische und ästhetische Bildung der Alanus Hochschule Alfter b. Bonn, Arbeitsbereich Betriebliche Berufspädagogik/Studieren à la carte

Brüggemann, Tim, Prof. Dr. phil., Dipl.-Päd., Leiter des Instituts für Weiterbildung und Kompetenzentwicklung der Fachhochschule des Mittelstands (FHM) in Bielefeld

Driesel-Lange, Katja, Dr. phil., Dipl.-Päd., Westfälische Wilhelms-Universität Münster, Institut für Erziehungswissenschaft, Zentrum für Berufsorientierung- und Berufsverlaufsforschung (ZBB)

Fischer, Martin, Prof. Dr., Professur für Berufspädagogik, Leiter des Instituts für Berufspädagogik und Allgemeine Pädagogik, Karlsruher Institut für Technologie KIT

Follner, Magdalene, M.A., Wissenschaftliche Mitarbeiterin, Forschungsprojekte BerufReal, BerufBV, Forschungsgruppe Lehr-Lernforschung und Doktorandin am Institut für Berufspädagogik und Allgemeine Pädagogik, Karlsruher Institut für Technologie KIT

Holzwarth, Peter, Dr. phil., Pädagogische Hochschule Zürich, Fachbereich Medienbildung. Lehrbeauftragter an der Pädagogischen Hochschule Ludwigsburg, Arbeitsschwerpunkte und Interessengebiete: Medienbildung, Aktive Medienarbeit (Fotografie, Video, Audio), Interkulturelle Pädagogik, Migrationsforschung, visuelle Forschungsmethoden, Filmbildung, Bildpädagogik, Werbung und Medienkritik, Jugendforschung, Graffitiforschung, Medien und Migration, Jugendkultur und Schule

Hoyningen-Huene, Anne von, Pädagogin (M.A.), Malerin (Dipl.) mit Schwerpunkt Kunst im Dialog, Institut für philosophische und ästhetische Bildung der Alanus Hochschule Alfter b. Bonn, Arbeitsbereich Betriebliche Berufspädagogik/Studieren à la carte

Huber, Kerstin, M.A., 2011-2015 Wissenschaftliche Mitarbeiterin, Forschungsprojekt „AiKo", Erasmus+-Projekt „Show Your Own Gold", Institut für Berufspädagogik und Allgemeine Pädagogik, Lehr-Lernforschung, Karlsruher Institut für Technologie KIT

Kramer, Kirsten, M.A. 2014-2015 Wissenschaftliche Mitarbeiterin, Forschungsprojekt BerufBV, Erasmus+-Projekt „Show Your Own Gold", Institut für Berufspädagogik und Allgemeine Pädagogik, Karlsruher Institut für Technologie KIT

Moser, Heinz, Prof. em. Dr., Pädagogische Hochschule Zürich, Honorarprofessor für Medienpädagogik an der Universität Kassel, ehem. Vorstand der Sektion Medienpädagogik in der DGfE, Interessen- und Arbeitsschwerpunkte: Visuelle Medien (Leitung des Schweizer Nationalfonds-Projektes „VIBES – Visuelle Berufswünsche"), Netzdidaktik, Medienbildung, Praxisforschung als Forschungskonzept

Reimann, Daniela, Dr., Wissenschaftliche Mitarbeiterin, Projektleitung des BMBF-Forschungsprojekt „MediaArt@Edu" sowie der Erasmus+-Projekte „Show Your Own Gold" und „TACCLE3 coding" am Institut für Berufspädagogik und Allgemeine Pädagogik, Karlsruher Institut für Technologie KIT

Rummler, Klaus, Dr., leitet die Forschungsgruppe Medienpädagogik an der Pädagogischen Hochschule Zürich. Vorstand der Sektion Medienpädagogik der DGfE. Aktuelle Schwerpunkte sind Medienbildungschancen von Risikolernen, Mobiles Lernen sowie die Weiterentwicklung einer kulturtheoretisch geprägten und interdisziplinär ausgerichteten Medienpädagogik mit ihrer zentralen Verankerung in der Erziehungswissenschaft

Scheuble, Walter, lic. phil I., MAS. Dozent an der Pädagogischen Hochschule Zürich im Bereich Medienbildung, Bildungs- und Erziehungswissenschaften. Mitarbeiter in der Forschungsabteilung mit Arbeitsschwerpunkten: Visualisierte Berufswünsche, Evaluationen von Projekten und Lehrgängen im Bereich Medienbildung

Weyer, Christian, Dipl. Päd., Westfälische Wilhelms-Universität Münster, Institut für Erziehungswissenschaft, Zentrum für Berufsorientierungs- und Berufsverlaufsforschung (ZBB)